# 歳から
# われる人　煙たがられる人

山﨑武也

青春新書
PLAYBOOKS

目次

## 2章 エラいつもりが「下品」「みっともない」「図々しい」になってます

## 3章　その気づかいのなさ、「年とったな」と笑われてます

## 4章 その「保身」、さりげないつもりが見え見えです

章扉写真　本書の手書き原稿

1章

# そのふるまい、「ナニサマ？」と思われてます

## 「○○君」と呼ぶ人

立派な社会的地位にある人について話をするときに、君呼《くん》ばわりをする人がいる。確かに、一時は同じ組織の中にあって自分のほうが上の地位を占めていたかもしれない。最近は部下であっても、さん付けで呼ぶ風潮もあるが、親しみを込めて君と呼ぶこともあるので、それはそれでいい。

元々、「君」は目下だけではなく同輩に対する敬称でもある。そこで、以前にそのような関係にあった場合は、君付けで呼ぶのは当たり前である。だが、その人に呼び掛けるのではなくて、当人がいないところで話題にするときに君をつけていうと、自分と同列、というよりもどちらかといえば、自分より下に位置していることをにおわせるニュアンスが感じられる。

**自分のほうが格が上であったことを示そうとする意図が見え見えなのである。そのようにして得意になっているのは本人だけであって、それを聞いている人たちは苦々しく思っ**

**ている。**高慢ちきな姿勢があらわになっているので、本人の意図とは逆に自分自身の格を落とす結果になっている。

**社会的地位の高い人に関しては、たとえその人の人品骨柄が卑しいと思っていても、その地位に敬意を表した接し方や扱い方をする必要がある。それが礼に適った対処の仕方であり、自分自身の人格を高く保っていく道でもある。**

特に政治や経済の世界で重要な地位を占めている人を話題にするときに、道理に反することをしているからといって腹立ち紛れに呼び捨てにしたく思うことはある。だが、そうしたのでは、自分も同じ穴のむじなになってしまう。**人を批判したり非難したりするときでも、自分自身の冷静な姿勢を崩してはならない。**

また、相対している相手の組織の上層部に自分の同級生がいる場合がある。その人を呼び捨てにしたり君で呼んだりするのも控えたほうがいい。目の前にいる人の上位に位置する人と自分が同列であることを示せば、自分が相手よりも上に位置するというにも等しい結果になるからだ。

友人もきちんとさん付けで呼んだうえに、「同級生であるとはいっても、彼は私なんかよりもずっと優秀ですけど」などという。そうすれば、自分を卑下することによって、相手と自分が対等である点を強調する結果になるからである。

仕事の場であれ個人的な生活の場であれ、人に相対するときは、常に相手と自分は同じ人間であることを忘れてはならない。すなわち**相手にも自分と同じ尊厳があることを意識して、それに敬意を表し続ける**。人間の感情は相互的なものであるから、相手を尊んで礼を尽くせば、自分も尊んでもらい礼を尽くしてもらえる。

もちろん、礼儀正しくしても無礼な振る舞いに及ぶ人もいる。だが、相手が無礼だからといって、目には目歯には歯をとばかりに同じようにしたのでは、自分も落ちるところまで落ちていくだけだ。自分が正しい手本を示すことによって、人がそれに気付いて真似をしてくれるまで辛抱強く待つ。

単に相手に対抗したり非難の声を浴びせたりしないで、人を上に引き上げるべく努力をするのである。皆と一緒に向上していこうとする姿勢だ。ただその場合でも、人を見下す気持ちがあったのでは、その努力も実を結ぶことはない。自分のほうが上であるという考え方がちょっとでもあったら、それは慢心であり、人々はそれを敏感に嗅ぎとる。そこで反感を抱くので、見習ったり従っていったりしようとは思わない。

◆エラそうではないのに人気がない人

**品行方正で立派な人であるといわれている人でも、なぜか人々が近寄っていこうとしないのは、自分自身が正しい振る舞いに徹底しようとするあまり、人のことをまったく考える余裕がないからだ。**

いうなれば自分勝手な人である。人々に対する敬愛の心を失っている。そのために、人々から敬愛されることもない。したがって、表向きは世間からちやほやされているようであっても、慕ってくる人はいない。精神的には孤独をかこち、寂しい人生を送る運命になる人である。

**人より上になろうと思って努力するのはいい。しかしながら、自分のほうが人より上であると思った途端に、精神的な面では人に寄ってたかって引きずり下ろされてしまう。**その言動のどこかに、エラそうにしている気配が表れてくるからである。

エラそうにするのは、エラく見えるようにする意図に基づいている。それはまだ自分がエラくないことを自覚しているからにほかならない。自分に自信があったら、わざわざ「そうにして」自分を誇示する必要などはないはずだ。

# 客になると急に暴君になる人

**自分が商品やサービスを買う立場になったときに、突如としてお客面《づら》をする人は少なくない。普段は一応当たり前の言葉遣いをしているのに、急に居丈高な口を利くようになるのだ。**きちんとした物腰で応対をしている年配の店員に向かっても、横柄なものいい方になっている。

自分の身分が上になったと勘違いをしている。金を払う側のほうが、金を受け取る側よりもエラいと思っているのである。確かに、同じ商品やサービスを売ろうとしている人が多いときは、それを買うほうが有利な立場に立っている。相手としては買ってもらわないと、自分や家族は食べていけない。極端な表現をすれば、客が生殺与奪の権を握っているのである。

だが、何かを買おうとするときは、それを自分が必要としているのであるから、売ってもらえなかったら、困るのは自分である。そのように考えれば、売る側と買う側とは互角の立場にある。もし需要と供給の関係が逆転する場合を考えてみれば、その点は明らかであろう。

私たちの年代で戦時中と戦後の食糧難を経験した者にとっては、売る側が主導権を握っていた情況の記憶はいまだに生々しく残っている。一握りの米を売ってもらうのにも、三拝九拝しなくてはならなかった。そのような事態を想像してみれば、売ってもらえることに対して感謝する気持ちになることができるのではないか。

**売る側にある者が買ってもらえることを有り難く思うだけではなく、買う側にある者も売ってもらえることを有り難く思う。そのような売買の場面こそ理想的であり、人と人とのコミュニケーションがフルに行われる結果になる。**そのように考えていれば、買い物をするときの言動が乱暴なものになるはずがない。

「お客様は神様である」といわれている。客は絶対的な存在であるから、丁重に遇する必要があるというのだ。

だが、この考え方は売る側に位置する人たちの心構えである。客自身が自分を神様であると考えて振る舞ったのでは、混乱が生じ収拾がつかなくなる。自分が客となったときは、売ってくれる人のほうが神様であると思うくらいでなくてはならない。そこで初めて、売り買いをする場に人間味を付け加えることができる。

◆負の連鎖は自分のところで止める

客になったときに、商品を売ったりサービスを提供したりする人を、あたかも自分の召使いのように扱う人がいる。**その度合いが激しい人は、得てして販売やサービスをするのを業としている人に多い。**普段は自分が人に仕えていると思っているので、その仕返しをしようとするかのようである。

自分がしている仕事を嫌だと考えているので、一所懸命になってしていない。いい加減な仕事の仕方になっている。そこで客としても、つい乱暴な扱い方をする人も出てくるので、それを恨みに思っている。そのような意識を引きずったままで、こんどは自分が客の立場になるので、仇討《あだう》ちをするような言動になるのだ。

それは八つ当たりであり、「江戸の敵《かたき》を長崎で討つ」にも等しく、まったくの筋違いである。その相手も自分と同じように嫌々ながら仕事をしている人であったら、それは連鎖反応を起こしていく。

単に売買の場面だけに限らず、人生のあらゆる場面において、何か人間にマイナスの影響を与えるものがあっても、それをほかの人に「転移」させようとしてはならない。**悪循環が起こることは、自分のところで食い止めたり絶ったりする決断と勇気が必要である。そのように犠牲的精神を発揮する人は、市井《しせい》にあっても光り輝いてくる。**

**その威徳に魅せられて、人々が自然に集まってくる。そのいぶし銀にも似た、人格の味わいは人々に影響を与えないはずがない。知らず知らずのうちに、人々の心の中に安らぎをもたらすので、それだけ平和の輪が広がっていく。**

客になったときは、自分が相手の立場になって考えたうえで、自分の言動を律していく。それが人に慕われて心から歓迎される客になる王道である。どんな場合でも真摯な姿勢を保つことを忘れてはならない。

客になるときは一々そのように考えなくても丁重に遇してもらえる、という人もいるだろう。しかしながら、人としての礼をわきまえないで大きな態度をしていたら、品格のある人間として遇されているのではない。相手はその客が懐にしている金に焦点を当てて狙っているだけである。

**敬意を表されている対象は、客の人間としての資質ではなくて、その客が持っている金である。**客は単なる「手段」に成り下がっているのだ。

## 馴れ馴れしく人の肩を叩く人

会うと必ず近くに寄ってきて、馴れ馴れしい様子で人の肩を叩く人がいる。「どう」などといって声を掛けてくる。

よく知らない人であれば、それを見ると非常に親しい間柄であるに違いないと推測する。さらに、大体は同じような地位にある人同士であるように見えるが、肩を叩く人のほうが何となく上に位置する人であろうと考える。

それがその人の狙っている効果である。たとえ親しい者同士であっても、一方的に肩を叩くような振る舞いはしない。極めて微妙な点であるが、相手を見下しているニュアンスがあるからだ。たとえ相手が椅子に座っているところに行っても、礼儀正しく振る舞う人であったら、肩を叩いたり肩に手を置いたりすることはない。

**人の肩を叩く人は、大抵の場合、表向きに顔には出していないが、少なくとも心密かには相手を敵視している。そこで、機会がある度に態度や行為で自分のほうが上であること**

**を、デモンストレーションによって相手や人に見せつけようとしているのだ。**

私のコンサルティングの客先にも、そのような言動をする人がいた。仕事の場で直接に係わることはなかったが、総務関係の人であったので、そこに行けば顔を合わせることは頻繁にある。私よりも五、六歳は下なのであるが、友だちに対するような口の利き方をしていた。ほかの人たちは役員たちも含めて、きちんとした言葉遣いをして相対してくれるのであるが、彼だけはタメ口だ。

さらに、**特に大勢の人たちが周囲にいるときは、わざわざ近くまでやってきて呵々大笑《かかたいしょう》しながら肩を叩くのである。**また、私がいないところで、お節介な部外者が私がどんな仕事をしているのかと聞くと、「ああ彼は嘱託です」といったらしい。

確かに、私は頼まれて特定の業務に携わっているのであるから、言葉の定義どおりに嘱託には違いない。だが、その言葉には通り一遍の仕事をしているという意味合いが強い。明らかに、あたかも重要度の低い仕事をしているかのような印象を与えたかったようだ。

また、それを聞いて私に報告してくれた人も、それによって私がどのような反応を示すかを見たかったものと思われる。

**当然のことながら、それに対して私は「そうですか」といって無視を決め込み、平然た**

**る態度を崩さなかった。つまらないことに一々反応していたら、噂の種になるだけだからである。**

密かに、といっても歴然と表に表れていたが、私を敵視していた人は、定年に達すると同時に追われるようにして辞めていった。その会社は面倒見がいいことでも有名であったにもかかわらずだ。

### ◆真のライバル同士が敵視し合わない理由

同じ組織の中であれ同じ業界の中であれ、特定の人に対してライバル意識を燃やして努力を重ねていくのはいい。さまざまな場面において具体的に目標ないしは参考になる人になるので、自分の心構えや行動に対する指針にすることができる。やみくもに努力するよりも、ずっと効率のいい勉強や仕事の仕方をすることができる。

敵視して自分が打ち勝とうとする相手ではない。その悪い例は、アメリカの大統領選挙のときなどによく見られるネガティブ・キャンペーンである。それは相手を多くの場合、中傷的に攻撃することによって、自分を優位に見せようとする。相手をやっつけることによって自分が有利な立場に立とうとしている。明らかに卑怯な方式であるが、それがフェアな姿勢を標榜しているはずのアメリカでおおっぴらにまかり通っているのは、何としても悲しいことだ。

いずれにしても、建設的に振る舞うライバル同士は、お互いに競い合うことによって切磋琢磨をしていく。相手をやっつけようとするのではなくて、励まし合って一緒に向上していくことを目指している。相手に打ち勝つのではなく、自分自身に打ち勝たなくてはならないのである。

真のライバル同士は、内に秘めた情熱をそのまま表に出さないで、自分自身のエネルギー源として燃やし続ける。お互いに接するときは、あくまでも礼儀正しく紳士淑女として振る舞うことに徹する。あくまでも謙虚な姿勢を崩さないので、表向きに火花が散ったりすることはない。

それよりも、**お互いに相手を師と仰いだり手本として尊重して見習ったりする。**それは必ずしも相手が自分より上に位置すると考えているわけではないし、もちろん下に位置するとも考えてはいない。**精神的には同じ仲間である同士であり、社会全体がよりよくなって皆が幸せになることを目指している点で、志を同じくする同志である。したがって、精神的には強い結びつきを感じて、お互いに慕うと同時に慕われている関係になっている。**

## 何でも知っているふりをする人

自分だけが手に入れた情報だと思って、半ば得意になって話をしても、すでに相手が知っていることであったら、がっかりする。勢い込んでいたのが拍子抜けした感じになるからである。しかも、相手が誰でも知っているようなことであるという態度を示したときは、自分がバカにされたような気がする。

また、いつもそのような反応を示す相手であったら、そのうちに徐々に情報提供をしたくないと思うようになるのも人情である。そこで、自分が逆の立場におかれたとき、すなわち情報提供を受ける側になったときは、その間の相手の感情を勘案した対応の仕方をする必要がある。

さもないと、**あの人は何でも知っている人であるという判断をされて、そのうちに誰も情報を教えてくれなくなる。**自分一人だけ蚊帳《かや》の外におかれる結果になってしまうかもしれない。したがって、その情報の性質にもよるが、時には知らないふりをして耳を傾けてみる必要もある。うそをついて不誠実な対応をしろ、といっているのではない。その場の雰囲気にふさわしく相手の気持ちにも配慮をして、相手の話をさえぎる結果になるようなことは差し控えたほうがいい、といっているのである。

相手が話し始めたばかりのときに、自分が知っている情報に関することであると早急に判断して、「そうだよ」などとはいわない。実際に最後まで耳を傾けても、すべて自分が知っている内容とまったく同じであるかもしれない。だが、自分が知っていることとは異なった角度からの考え方であったり、知らなかった追加情報が入っていたりするかもしれない。

そもそも人の話を全部聞かないうちには、自分が知っている話であるかどうかはわからないはずだ。それにもかかわらず、頭ごなしに知っている話であると決めつけるのは、論理的にも間違っている。

正確にいうと、自分の知らないことの一つや二つは必ず交じり込んでいる。したがって、少なくとも一応は聞いてみるのが、賢明な対処方法である。

自分が十分に知っていると思っていても、その情報には自分の先入観という上塗りがなされている状態になっている。その点を常に忘れないでいて、どのような情報の提供に対しても、謙虚な姿勢で臨んでいく。虚心坦懐に目を見開き耳を傾けてみるのである。そうすることによって、自分がすでに持っている情報についても、その精度が一段と高まり、その内容がさらに充実したものになっていく。

さらには、話をしてくれる相手との人間関係においても、親しみが増すと同時に、お互いに対する信頼の度合いが高まっていく。どのような情況の下にあっても、相手の自分に対するアプローチないしは働き掛けに対しては、その好意に対しても真摯に向き合い、真正面からの反応を示していく。

そのようなつきあい方を一つひとつ積み重ねていくのが、良好な人間関係を築き上げ保ち続けていくコツであり、人生の達人になっていく王道である。

### ◆周りに人が集まる人の「話の聞き方」

人が何かを話してくれようとしたときは、その話を最後まで聞こうとする姿勢を堅持する。せっかくの相手の働き掛けに対して「門前払い」を食わすようなことをしてはいけない。「へェー」などといって感心している気持ちを表現したり、「それで」といって相手が話を続けるように促したりする。合の手を入れるのである。

聞き上手は、ただ熱心に耳を傾けて相手の話に対して真剣に向き合うだけではない。タイミングよく合の手を入れることによって、さらにその場の雰囲気を盛り上げるのに一役買うのである。

**自分が話をするときに好意的に反応してくれる人に対しては、誰でも好意を抱く。また話を聞いてもらいたいと思うので、人が周囲に集まってきて、「門前市を成す」ようになる。**人間の感情は相互的なものであるから、**聞き上手な人が何か話をしようとするときは、いつも話を聞いてくれる姿勢に対して返礼ないしは恩返しをしようとして、熱心に耳を傾けてくれるはずだ。**

そうなると、そこには豊かな人間関係という、望ましい環境が整ってくる。孤独を感じるようなひまはない。それは人々に囲まれて安らぎと幸せを噛み締める結果へとつながっていく。

すべて人の話を歓迎し、それに最後まで耳を傾けていく姿勢のたまものである。**自分の知っていることは生半可なものであって、さらにそれを補完し充実させていく必要があるとする謙虚な考え方が、その基礎にあり出発点となっている。**そのように考え行動している人を敬遠しようとする人に、まともな人はいない。

# いつも人の批判をしている人

政治や経済の世界では、毎日のように不条理なことが行われている。それを新聞やテレビを始めとするメディアが報道している。特にテレビに多く見られることであるが、それに対して専門家のみならず素人も論評を加えている。

専門家の中には、考え方や見方がずれているのではないかと思われる人もいるが、一応はその分野について掘り下げて研究しているのであるから、それなりには筋が通ったことを述べている。だが、素人が出てきて、まことしやかにしゃべっているのはいただけない。単なる有名人であって、必ずしも見識があるようには見えないからだ。

もっとも、あまり的外れではなくてソツのない話にはなっている。時どき目の前に置いてあるらしい紙を見ているので、話の大体の趣旨については打ち合わせがなされていて、その原稿に従って話しているらしいことは推測できる。

だが、そのようなところから、国民全体のコンセンサスらしきものが形成されてくるのではないか。それを考えると、恐ろしくなってくる。街中で人々が政治や経済の流れについて批判するときは、そういった情報や知識に従って考えている。月並みになっている考え方を、あたかも自分の意見だと錯覚して話しているのだ。

人の尻馬に乗っていることは、無批判的になっていることにほかならない。したがって、多くの人たちが評論家的になっている様相は呈しているものの、実際には人の考え方を受け売りしているにすぎない。

だが、それを繰り返しているうちに、少しずつではあれ、自分自身の考え方が加味されていっている。最初にメディアから仕入れた情報についての記憶が、時の経過とともに薄れたり変質したりしてくると同時に、そこに自分の思考の結果も、多少ではあれ反映されてくる結果になるからである。

いずれにしても、そのような政治や経済の時局を話題にして、親しい友人たちと話し合うのはいい。情報交換や時間つぶしとしての意義はある。だが、それほど親しくない人たちと話をするときは、避けたほうがいい話題の一つである。人によって、その環境や背景が異なっているので、意見の対立が生じる危険性があるからだ。

茶道の約束事の中に、茶室の中では政治や経済についての話は避けることという教えがある。お互いに理解し合って平穏な一時を共有しようとする場であるから、異論のある可能性があって論争が生じる懸念のある話題は持ち出さないようにする。芸術や文化の香り高い空間は、争いにはなじまないし、平和が支配する場でなくてはならないからだ。

仕事の場であれ個人的なつきあいの場であれ、その場にふさわしい話題に焦点を合わせていくことが必要である。

**人を批判したり非難したりすることは、できるだけ避ける。**その場に一緒にいる人の中に、その批判の的になっている人の親戚や友人がいるかもしれない。人の悪口になることは、どんな場合でもいうべきではない、といわれている所以である。

### ◆自分と相手を入れ替えて考える

そもそも悪口をいったり非難がましいことをいったりするのは、自分はその標的になっている人よりも優れていると考えているからである。だが、完全無欠な人はいない。誰でも「叩けばほこりが出る」といわれているように、探し出せば欠点や弱点はいくらでも出てくる。その点を銘記していれば、謙虚にならざるをえない。人を批判したりする資格のないことは明らかである。

「人をそしるは鴨の味」といわれている。他人のことをけなしたり陰口をいったりすれば、自分の気分はよくなる。

だが、それは人を犠牲にして自分が楽しむことだ。自分が逆の立場になったら、どんな気分になるかを考えてみればいい。それを思ったら、人を悪くいうようなことはできないだろう。「我が身をつねって人の痛さを知れ」である。

その点を銘記して、何かをするときは、そのことによって影響を受ける人がどのような思いをするかに考えを及ぼしてみる。それが常にできるようになれば、人間関係のエキスパートである。

相手の身になって考えろといわれても、自分は自分であることからは逃れられないので、相手の身になることはできない。したがって、**自分が相手にしているのと同じことを、相手が自分に対してしたとすれば、自分はどのように感じるかと考えるのだ。**

そのように考えるほうにより具体性があるので、実行しやすい。自分が相手の身になるだけではなくて、同時に相手も自分の身になったと考えるのだ、といってもいい。自他の入れ替えが瞬時にできるようになるのが理想的である。

# 世話好きなのに感謝されない人

世話好きの人がいる。特に皆で集まって食事をするとか旅行に出掛けるとかするときは、その計画から実行までイニシアティブを発揮して面倒を見る。自分から正式に宣言はしないが、自然に幹事役を務めることになる人である。

元々、人がもたもたしているのは見ていられない性分だ。**自分が人一倍労力を使う結果になっても、それをまったく意に介することはない。そのほうが、自分の気分がすっきりして、精神衛生上の調子がいいからである。**

怠け者や面倒くさがり屋から見ると、実に便利な人であるから、そのように世話を焼いてくれることに対して反対する人はあまりいない。

皆の面倒を見ることに関しては、当人が意識しているかどうかは別にして、いくつかのメリットがある。たとえば、食事をする場合であれば、日時や場所について決めるときにかなりの程度において、自分の都合や好みに従って選んでいくことができる。最終的な決定は皆の合意、または多数決によってなされるとしても、少なくとも提案が自分の任意でできる点は強い。

提案といえども、それは一つの既成事実になるので、ほかの人がそれを変えるにはかなりのエネルギーが必要になるからである。よく交渉の場などで、その取っ掛かりとして叩き台になるものをつくろうということになる。その作業を自分の労を省くために相手方に任せたりする傾向があるが、それは明らかに不利な結果になる。叩き台という土台を動かすのは難しいからだ。

**仕事の方向性を決めるのに役立つ労は厭《いと》わないことである。先手必勝という大原則を忘れてはならない。**

幹事役をする人のメリットは、ほかにもある。どうでも、ないしはどちらでもいいことや細部にわたることは、自分が好きなように決めることができる。それに対して反対をする人や不満を漏らす人がいても、いったん走り出した計画はもう止められない。また、ある程度は全権を委任していた結果になっていて、自分は何らの作業もしていないので、強い発言権などはとっくの昔になくなっているのだ。

だが、その世話好きの人も、単なる企画や進行を図るだけでなく、独断専行の兆しが見えてくると問題となる。皆に任されているのをいいことにして、だんだんと図に乗ってくる。**皆の手伝いをする感覚から、取り仕切るというニュアンスが強くなってくる。**事務的なことをする幹事役や世話人の域を出て、マネジャーやリーダーの役目を担うようになってくるのである。

世話をしていたはずの人が、自分の分を越えて出しゃばり「お節介」を焼くようになった。本来の役目に留まって節度を守ることを忘れてしまった。のさばってきて勝手気ままに振る舞うようになったのだ。

論語に「過ぎたるは猶《なお》及ばざるが如し」とある。程度が過ぎてしまったら、足りないのと同じようによくない、というのだ。だが、いいと思っていたことでも、行き過ぎになったら害になるので、まだ及ばないほうがいいのではないか。

害になるというのはマイナスであり、及ばないのはゼロである。マイナスよりもゼロのほうがまだいいに決まっているからである。何ら積極的に特別なことをしてくれなくても、皆の行動するところに従ってついていく人のほうが、イニシアティブを取るのはいいが、リーダーでもないのにグループをかきまわして先頭に立とうとする人よりはいい。前者はいわゆる人畜無害であるが、後者は統率を乱す結果になるからだ。

### ◆反感を買わない「お世話」のルール

人やグループの世話をするときは、不必要に人のことに立ち入ったり、人の権利を侵害したりしないように心掛ける。最初はさまざまな要素に注意しながら慎重にしているが、慣れてくると次第に我がままになって、自分の好みを優先させるようになる。それがさらにエスカレートすると、自分の利まで図ろうとするようになる。そうなると、危険水位に達した段階である。

**人の世話をしている中で、自分自身にとって利があると思われる要因が見えたときは、迷わずに即刻その方向へは行かないほうを選ぶ。ないしは自分が不利になる方向を選択するのだ。それが、自分が厄介者にならないようにして身を安全に保っていく道である。**

どのようなことをするときでも、調子のいい状態が続いていると、知らず知らずのうちに増長していく傾向になる。事がうまく進行していけばいくほど、「節度」という言葉を反復することによって、自分の言動に歯止めを掛けていくことを忘れてはならない。

**周囲の人たちがノーといわないからといっても、そのままアクセルを踏むことなく、時どきブレーキを掛けるのである。**

## 意見をいうだけで「説教くさい」と嫌われる人

先生が生徒に教えるときの典型的なかたちは、一段と上になっている教壇の上に立って下にいる生徒を見下ろしながらする、というものであった。教壇から下りて生徒の近くにいって指導するときも、生徒は座っているのであるから、当然のことながら、上からの目線になっていた。

教えるのは知識や技能を授け与えるのであるから、上から下への流れとなるのは当然である。

だが、ここでも人は平等であるのだから、相手がたとえ生徒であっても、同じ舞台に立ってするべきだ、という考え方がある。威圧的になったのでは、相手が拒否をする姿勢になって、コミュニケーションがうまくいかない場合が生じるからである。

教えたり習ったりする場も、お互いに胸襟を開いて人と人とが理解する場の一つであると捉えて、「民主的に」と考えるのだ。実際には表には表れていなくても、コミュニケーションにも脅したりすかしたりする要素は必要である。アメとムチを巧妙に織り交ぜながらお互いの交流を図るのが上手な人もいる。だが、人を平等に扱っているというかたちは少なくともある程度必要であるし、実際にも効果的である。

◆**「自分が上」というにおいを消す配慮**

私も茶道に関連してであるが、長年にわたって受け持っているクラスがある。すなわち、私が指導する立場にあるのだが、「勉強会」と称している。私が教えるのではなく、皆がそれぞれに持っている知識と知恵を出し合って、お互いに向上していこうとする趣旨を明確にするためである。

また、その会を開くのは、私が属する組織の建物の中にある部屋の一つではない。**わざわざ街中にある会議室を借りている。まずは権威的なにおいを払拭して、自由な雰囲気を醸し出そうとしているのである。**

さらに会の当日は、椅子やテーブルの配置を、教室スタイルではなく会合スタイルにしてもらっている。すなわち、円卓会議方式である。実際には、円く配置するのは無理なので四角にはなっているが、席順の問題は起こらない。

そこで私が座る場所は決まっていない。その日の情況によって、私が行ったときに空いている席の中から選んで座る。奥のほうの上座に近いときもあれば、入口近くの末席になることもある。ただ何となく皆を見渡すことのできる場所を選ぶので、完全に無作為という結果にはならないが。

私が最初から教えるということはない。前の会のときに予め指名しておいた人が、テキストの決められた範囲内について勉強してきた結果を発表する。最小限にするべきことは決めているのだが、それに縛られる必要はない。完全に自分の任意において調べたり考えたりしてきたことを、皆に示し伝えるのである。

それに対して皆が感想や意見を述べたり、そこから議論に発展していったりする。私の役目は進行係である。それに問題点を指摘したり、さらなる議論の盛り上がりを図ったりする。私のコメントが指導的なものになるのは当然である。

発表をする人が熱心な勉強家であるときは、深くうがった内容になったり哲学的な考察が示されることになったりする。そんなときは、私自身も大いに勉強をする結果になる。また怠け者の場合は通り一遍の発表になるので、退屈した思いをすることもある。だが、それに対しても批判的なコメントをすることはない。一応は勉強してきたという努力に対して、敬意を表することにしている。

どんな場合においても、私は説教口調にならないようにと努力している。できる限りわかりやすく説いて聞かせるアプローチを心掛けるようにしている。もっとも、自説を強調するあまり、内容的には堅苦しい教訓を垂れる結果になっていることはあるようだ。だが、それは「先生」という立場にある以上、ある程度は避けられない。

その勉強会の最大の特長は、勉強の後で近所のレストランに行って催している「プチ宴会」にある。アルコールも入った、フルコースならぬハーフコースの食事を前に、自分勝手なおしゃべりを楽しむ。ここでの席はくじ引きで決めるので、気の合った者同士が固まることはない。したがって、最後には皆が気の合った者同士になるのである。

このプチ宴会を楽しみに勉強会に参加してくる者もいる。勉強の奨励策の一環にもなっているのだ。

この勉強会では、私は意図的にタメ口を利くようにしている。教訓的な言を吐くときでも、対等な者同士のようなしゃべり方をすることによって、親しさを演出しようとしている。品が悪くなる嫌いはあるが、説教口調になるよりも婉曲《えんきょく》な接し方になるので、受け入れてもらいやすいと思っているからである。

## 「あなたのため」と恩に着せる人

政治家は選挙運動中は下手に出ている。有権者が主導権を握っているので、当たり前である。ちょっとでもご機嫌を損ねることのないようにと気を使って、一挙手一投足を律している。当選した暁にはといって、いろいろと人の気を惹《ひ》くようなことを並べ立てる。だが、単に理念を述べているのでは、その人柄は理解できるものの、抽象的であって今一つぴんとこない。

そこで、最近は政党として、より具体的な内容と実施基準を示す流れが出てきている。いわゆるマニフェストである。だが、これも画に描いて見せた餅であって、皆が実際に手にすることができるかどうかは、まったくわからない。にもかかわらず、人々はわらにもすがる思いで、そのわらが餅になることを夢見る。

賢い市民としては、マニフェストなどというものは単なる幻想的な絵として捉える必要がある。自分自身の知恵を振り絞って、その先にある現実を想像してみなくてはならない。

元々見も知らない人のいうことを信じるのが危険なことは、知っているはずだ。

立候補をして皆に頭を下げていた政治家もいったん当選して権力を手にすると、こんどはその地位を守ると同時に永続性のあるものにしようとして、躍起になる。自分自身の利に敏感になり、それが最優先事項になってくる。

易経の中に「君子は豹変す」という言葉がある。君子とは徳が高くて品位のある人格者のことだ。豹変とは、豹の斑紋が季節の変化に従って美しく一変することから、元々はよい方向への変化のことである。そこで易経の言葉は、君子は自分がしたことが悪いと思ったら、すぐにその過ちを改めるという意味であった。

だが、現在は一般的には、前言を軽々しくひるがえすなど、平気で悪いほうへと変えることをいう場合が多くなった。政治家は君子ではないから、というよりも正確には政治家になると、「ミイラ取りがミイラになる」ように君子ではなくなる。したがって、現代的には、「政治家は豹変す」という命題が成り立つ。

政治家になると、あちこちでやたらに「国民のため」という台詞を連発する。アメリカの第十六代大統領リンカーンのいった「人民の人民による人民のための政治」という言葉がある。

ここで重要なのは、「の」と「による」と「のための」という要素が三位一体となっている点である。その中の一つだけを取り出していったのでは、間違いが起こる可能性が高くなる。

「国民のため」というときは、自分が国民より一段と高いところに立っている気配は拭い難い。もちろん、大所高所からの観点に立たなくてはならないので、ある程度は高いところから見下ろして考えてみなくてはならない。だが、話し掛けるときは、自分もすべての国民と同列になって「私たちのため」または「お国のため」という考え方になっている必要があるのではないか。

ちょっとした言葉の使い方の違いであるが、心底が見えた結果になっている。**いつも心の中で考えていることは、その一端が何かの拍子に自然に言葉の中に表れてくるものだ。**自分自身の保身と利をまず考えていることが、明らかになっている。

## ◆「あなたのため」か「自分のため」かを見抜く法

商人が「お客様のために」というときも、同じように考えて注意深く対処していく必要がある。これほど過当競争が激しくなり、せちがらい世の中になっているときに、心から人のことを最優先して考えてくれる企業があるだろうか。

客のためというのは隠れみのであって、何とかして客に商品やサービスを買わせようとしているのが本音である。金をできるだけ多く出させることによって、自分が利益を上げることを考えている。いろいろと御託を並べて目先の便利のよさなどを売り物にしているが、客の「恒久的」な満足までを考えている商人は極めて例外的である。

**人間関係の場においても、「あなたのために」というフレーズが入った言葉に対しては、まず眉につばを塗る。**

まず自分が味方であると思わせて、相手を油断させる枕詞《まくらことば》であると思っておく。人の思考力が働くことを阻止して、そこに自分勝手で自分に都合のいい論理が通用する素地をつくる。いわば、いいくるめるための詭弁《きべん》への準備なのである。

人の思考と感情とを混乱させる騙しのテクニックである。したがって、**「あなたのため」といわれたら、それが「相手のため」になる点はどこにあるかを考えてみる。どちらのためになるかを天秤に掛けてみて、自分のためになることが多いときにのみ、心を開いて耳を傾けていくのだ。**

## わざと難しい言葉を使う人

簡単なことを説明するのに、わざと難しい言葉を使う人がいる。単に「難しい」といえばいいにもかかわらず、故意に「難解な」という類いである。学問や知識があるところを自慢して見せびらかそうとしているのだ。また、そういえばいいのに、わざわざ衒学《げんがく》的とかペダンティックという言葉を使うのも、まったく同じことである。

もちろん、正確を期す必要があるときは、きちんと定義がされている言葉を使ったほうがいい。さもないと、誤解が生じたり意図した意味が伝わらなかったりするからだ。しかしながら、それも相手によりけりである。相手がその話の内容に関して素人や部外者であるときは、誰でも知っている、わかりやすい言葉を使わなくてはならない。

難しい用語を使ったら、相手にとってはちんぷんかんぷんで、意図した内容はまったく伝わらないかもしれない。コミュニケーションの度合いはゼロである。だが、正確性においては欠ける言葉であっても、誰にでもわかる言葉を使えば、伝えようとした内容の一部や似たような意味はわかってもらえる。コミュニケーションの度合いは、ゼロではなく何パーセントかにはなっている。

日常生活の中では、後者のほうがいいに決まっている。かすりもしないよりも、当たらずといえども遠からずで、ニュアンスだけでも伝わったほうがいいからである。さらに、自分のほうから相手に寄っていって伝えようとした「熱意」には、少なくとも同じ人間同士であるというメッセージを感じとることができるからでもある。

テレビでも専門家が出てきて説明をしているのを見ることがあるが、自分の専門の域から出ようとしていない場合が少なくない。やたらに英語を使っている場合もある。欧米から入ってきた物事や考え方については、まだそれを表現する日本語やこなれた訳語がないこともある。だが、それでも日本語を使って伝えようと努力しなかったら、エラそうにしていると思われても仕方がないであろう。

**エラそうにしていると思われた途端に、人々から反感の目を持って見られる。**

実際には、自分自身もよくわかっていないので、上手に説明できないのかもしれないが。いずれにしても、人々からうさんくさいと思われたり、逆にバカにされたりする結果にもなりかねない。敬遠されることは間違いない。

## ◆難しい言葉、新しい言葉を使う人の心理

英語など外国語を使うときは、少なくとも普通の日本語の辞書に載っている言葉に限るのを原則にするべきであろう。特殊な用語や外来語を解説した辞書的な書籍に頼らなくてはわからないような用語は、一般の人々に対するときは避けたほうがいい。

経済の世界は国境を越えて広がっている。その流れに沿って、実際には徐々にではあるが、世界中が同一のシステムの下で動いていく方向へと向かっている。そこで、言葉も日本語だけではカバーし切れない分野が広がってきた。私企業の中にも、世界の先頭を切っていくべく、英語を「公用語」にする会社まで現れている。経済至上主義を公然と主張するエコノミック・アニマル的な色彩が濃すぎて「文化」の重要性を忘れているのが気になるが。

それは極端な例であるとしても、広告にも英語を始めとする外国語が氾濫しているのは感心できない。英語のほうが格好いいと考えている節がある。

外国の言葉には慣れていないので、それだけ新しいという感覚を演出することはできる。それは、ごまかしの要素を入れて人心を攪乱《かくらん》させ、錯覚を起こさせようとしていることに

ほかならないだろう。

いまだに日本人の心の奥深くに巣くっている舶来品尊重主義と欧米かぶれに対する憧れという琴線に触れ、その揺れ動きを増幅させようとしているのだろうと思われる。それは、言葉を巧みに操って、自分に利のある方向へと人を引き寄せようとしているのだ。

表向きの格好のよさに釣られても、それに一生気付かないでいれば、それでいいかもしれない。

だが、そうなったのでは操り人形にも等しい人生になってしまう。**難しい言葉や新しい表現方法を使う人は、上からの目線で人々の心を押さえつけ、その意に従わせようとしている。**自分が十分に理解しないことをそのまま受け入れるのは、自分の自主性を放棄することであって、危険極まりない。

知らないことには自分にマイナスになることが入っていてもわからない。新しいからというだけで、物珍しさに惹かれて手にしたり取り入れたりしてはいけない。新しいことや珍しいことは、必ずしもいいことであるとは限らない。

**新しさの演出に対しては、常に警戒をし、自分の経験や知識、それに知恵を駆使して、その善悪や利害を分析し判断する姿勢を崩してはならない。**

# 会うたびに嫌味や皮肉をいう人

社会人となって会社勤めを十年強した後、独立してコンサルタント業を始めた。もちろん、最初は間欠的に仕事をもらっていた。友人や知人に紹介されて、顧客として可能性のある企業や組織を訪ねて、マーケティング活動をするところからのスタートであった。

海外の情報を多少知っているだけの若造であるから、そんなにおいそれと仕事をくれる人はいない。ひたすら勉強を積み重ねながら、幸運を望んで待っているにも等しい状況が続いていた。だが、少しずつではあるが、目をかけてくれる人たちが現れて、その人たちが経営している企業や組織との契約ができるようになった。

きちんとした契約を結ぶ場合もあれば、単なる口約束から仕事を始める場合もあった。相手が大企業の一部門であるときは、大抵は新しいプロジェクトに関する仕事だ。中小企業の場合は、海外に関連した事業について、助言をするというのが業務内容となっていた。ただ助言とはいっても、実際にはその組織の中に入っていって特定の実務を担当して社員と同じように働くのである。

しかしながら、トップと常にコミュニケーションを図りながら、いわば「特命」を受けたかたちで仕事をする点が、普通の社員とは異なっていた。役員や社員の中には、いろいろと手伝ってくれるので助かるといって感謝してくれる人もいたが、何かにつけて難癖をつける人もいた。

だが、単にあら探しをして、とやかくいう人はまだいい。それなりに一応の理由があるので、たとえ正鵠を射てはいないまでも、さらによりよい仕事をするためには、多少なりとも役立つ。腹立たしいとは思っても、真摯《しんし》に耳を傾けてみれば、一層の向上を期するためのヒントくらいは見つかるからである。

**困るのは、機会がある度に嫌味をいう人だ。**何らの具体的な指摘もしないで、いつもいう台詞《せりふ》は決まっている。「君は勝手なときにやってきて勝手なことをする。いいご身分だね」といった類いのことをいう。いつも同じことをいうので、まるで挨拶の一部になっているかのようだ。

そのようにいう理由を推測するに、**妬《ねた》みから以外には考えられない。**自分は会社にがんじがらめに縛られて仕事をしているのに対して、私は自由に動き回っていると思っているのだ。私がその場にいないときに、どれだけ勉強したり調査したりしているかについては考えてみようともしない。ただ表面的なところだけを見て、飛び回っている「目障りな奴」であると決めつけているのだ。

皆に聞いてみると、私にだけではなく自分よりも下に位置する人だと思うと、誰彼なしに嫌味ばかりいっているらしい。**機嫌が悪いと、というよりも常に機嫌がよくないらしいが、ブツブツ不平や不満を漏らしているのが常態になっているのだ。**

性格であるといってしまえばそれまでであるが、いずれにしても損をする行動様式である。自分では不満を表に出すことによってストレスを発散したと思っているのかもしれないが、そのことによって周りの人たちが気分の悪い思いをして迷惑を被《こうむ》っている。

嫌味をいった本人も、ちょっと気分が変わった程度で、気分爽快になるわけではない。少なくとも後味がよくないのは間違いないはずだ。自分で自分自身を不快感のスパイラルに落とし入れている結果になっている。したがって、嫌味をいうことによって得をする人は一人もいない。

### ◆妬みに襲われたらどうするか

**妬みの感情は「発生」したら最後で、どこまでも内に籠《こ》もっていく性質を持っている。外に向かって晴らしていく方法はないので、自分で考え方を転換していかない限りはなくならない。**

**自分よりも恵まれている人を見たら、どこかほかの点で自分のほうが恵まれているところを探すのだ。**

「隣の芝生は青く見える」という諺《ことわざ》を思い出してみる。人の環境や地位がよく見えても、そこまで到達するためにした努力や犠牲には計り知れないものがある。そこに焦点を当ててみると、その点に関しては自分のほうが恵まれていることも少なくない。

組織の中にいれば、たまには怠けるとはいわないまでも、ちょっとくらい息抜きや手抜きをしたとしても、それによって給料という実入りが少なくなるわけでもない。昔日のような程度ではなくても、サラリーマンは気楽な商売であるという部分がある。その点においては、独立して仕事をしていたら、かなりの厳しい状況の下におかれている。

自分の身分にいいところがあるのを棚に上げて、人の境遇のいいところだけを見て単に羨《うらや》ましがるだけではなく、妬ましく思うのは筋違いである。幼児性からの脱却がまったくなされていない人というほかない。

# 自分の失敗を面白おかしく話せない人

仕事もよくできて将来を嘱望されている人がいる。かみそりのように頭のよく切れる人だといわれている。難問が出てきても、快刀乱麻を断つように、次々と解決し片づけていく。当然のことながら、社内でも出世街道の先頭を切っている。

だが、その人の周りには、仕事のとき以外に人が寄ってくることはない。尊敬されてはいるのだが、皆一歩身を引いて遠巻きにして眺めている気配なのである。それは部下のみならず上司の姿勢にもうかがわれる。近くに行って何か間違ったことをいったりしたりしたら、それを指摘されるという雰囲気を感じている。そこで皆が敬遠気味になっているのである。

人に限らず何か作品のようなものでも、あまりにも完全であったら近寄り難い。自分が寄っていこうとしても、まったく隙《すき》がないので取っ掛かりがない。自分が想像力を働かせて楽しむ余地もない。端的にいえば、面白くないのである。作品とコミュニケーションを図って、自分が何かを加えることを拒否する冷たさがある。

**相手が人であれ作品であれ、どこかが不完全であったら、その隙に入り込むことができる。そこに不完全さの魅力があり、人を引きつける「ぬくもり」の源泉があるのだ。**

仕事の場でも、完璧を目指すのはいい。だが、実際に完璧に仕遂げるのは不可能であることを知っていなくてはならない。人の手や頭でできることには限界がある。自分がベストを尽くしたら、たとえその結果が芳しくなくても、それでよしとすべきである。「人事を尽くして天命を待つ」という心境にならなくてはいけない。

さて、件《くだん》の優秀な人の話であるが、あるときちょっとした勘違いで重要な商談の約束を失念して、皆に多大なる迷惑を掛ける事態が生じた。そのときの皆に対する謝り方がよかった。「私は小さいときからドジで、とんでもない失敗ばかりしていた」といって、学生時代に犯した間違いの数々についても披露したのである。

そこで、彼の評判は逆に一段と高まった。それまでは感じられなかった人間味が、仕事ぶりの立派さに加わったのである。それまで近寄り難いと思っていた人たちが、「彼も人の子なのだ」といって、親しみやすさを感じたからである。

間違いを犯さない人はいない。十八世紀のイギリスの詩人、アレクサンダー・ポープは、その作品の中で「過《あやま》つは人の常」といっている。**人間の一生は、間違いだらけであり失敗続きである。その中にあって、首尾よくいったり成功したりする例がいくつかあるにすぎない。**

ビジネスの世界では、失敗をしない人は何も成し遂げていないといわれているくらいである。何かをすれば必ず失敗することがいくつかあるからだ。私はコンサルタント業をする中で、多くの企業の人材採用にかかわってきた。履歴書には、自分の得意なことや成功した仕事の実績などが書かれている。

だが、そのようなことにはちょっと目を走らせる程度で、後は面接のときに不得意な点や大失敗をした例などを聞くことにしていた。そのような私の質問に対しては、ほとんどの人が面食らって、すぐには返事ができない。ちょっとは考える時間を与えるのだが、不得意な点については辛うじて答えることができるものの、**失敗についてはきちんとした話ができる人は皆無に等しかった。**

### ◆なぜ、失敗を話せる人は信頼できるのか

得意なことや成功例については、胸を張って人にいうことができる。だが、不得意なこ

とや失敗例については、自分にとって不名誉なことであるから、できるだけ人にいいたくないのも人情である。そこで、隠そうとしたり、できれば忘れたいと思っている。

しかしながら、プラス面ばかりを前面に打ち出したのでは、その人の一面のみであるから、全体像は見えてこない。**マイナス面も表に出すことによって初めて、その人の実像が立体的に浮かび上がってくるのである。**

「失敗は成功の基」である。失敗を恐れていては何もできない。失敗を積み重ねることによって成功がもたらされるのである。成功したときは、その甘美な思いに酔いしれるのに忙しくて、そこからあまり学ぼうとはしない。だが、失敗したときはその原因について真剣に考えるので、学ぶことが多くなる。

**自分の失敗を悪びれずに人に話すことができるのは、自分自身をよく知っていることであり、人間ができている証拠である。自分を謙虚に観察したうえで、人に働き掛けているので、人の信頼を裏切るようなことはない。安心してつきあっていける人であるから、自分の失敗を話しても、やさしく受け止めてくれる人である。**

◎1章の勘どころ

□自分に尊厳があるように、どんな相手にも尊厳がある。そこに敬意を払えば、「君づけ」「呼び捨て」で呼んで嗤《わら》われる愚をおかすことはない。

□客だからと暴君になるなど滑稽の極みである。何かあったとき、悪循環は自分のところで食い止める決断と勇気のある人は、どこにいても光る。

□肩を叩いてくる人には要注意。真のライバルは足を引っ張るのではなく切磋琢磨し合う。

□博学を鼻にかけると必ず周囲に伝わる。謙虚な聞き上手にこそ、人も良い情報も集まる。

□人を批判・非難することは、極力避ける。

□人のお世話をするときは、自分に利がないほうを選ぶ。

□「あなたのためだから」と言われたら眉につばを塗る。

□あえて難しい言葉を使う人には注意する。相手を意のままに操ろうとしている。

□心に妬みが湧いてきたら、自分のほうが優れているところを探す。さもないと妬みはどこまでも内に籠もってしまう。

□隙がなければ人は寄ってこない。自分の失敗を面白く話せる人は好かれる。

2章

# エラいつもりが「下品」「みっともない」「図々しい」になってます

## 小さな権力をふりかざす人

電車、バス、地下鉄などの公共交通機関には、優先席が備えられている。高齢者や身体障害者を始めとする身体の不自由な人たちに優先的に座ってもらおうとするのが、その目的である。弱い人たちができるだけ楽な情況の中で移動できるようにし、それに強い人たちが協力するという考え方に基づいている。

相手と自分の肉体的ならびに精神的なコンディションを比較して、自分よりも相手のほうが劣っていると判断したときは、相手が有利になるように配慮するというのは、人間関係における大原則である。**この互助の精神が行き渡っている限りは、平和で和やかな空気に支配された時間が流れていく。**

そのような風潮が広がっていくことが理想であるが、現実には自分勝手に自分の利を図る人が大勢いる。それが単に大勢ではなく大多数になったときは、互助の精神を制度化する必要が生じる。だが、そこでどんなに立派なシステムをつくっても、いったんルールが出来上がってしまうと、本来の趣旨に反する情況が生じる。システムが独り歩きをすることによって弊害が出てくるのだ。システムの硬直化である。

**優先席には若者や健常者は座ってはいけないと考える人が出てくる。**また、老人などの弱者の中には、常に自分に座る権利があると考えて、その権利を一方的かつ強行的に行使しようとする者がいる。

いくら自分に権利があると思っても、それを居丈高になって主張したのでは、少なくとも感情的な摩擦が必ず起こる。やはり、自分に席を譲ってもらう権利があることを、相手が自発的に認めてくれて行動を起こすまでは待つという姿勢が必要だ。

また一般的にいえば、公共の交通機関の駅や停留所までやってきて乗り込んでくる体力と精神力があれば、少しくらいなら立っていることができるはずだ。少なくともそのような覚悟をしておく。**人の好意を期待するのはいいが、その好意を強制的に引き出そうとしてはならない。**

見るからに足腰が弱くて、一人では立っていられない様子であれば、かなり自分勝手な人でも、必ず席を譲ってくれるはずだ。譲る人も譲られる人も、義務とか権利とかで考えるのではなく、原点に立ち返って助け合うという考え方に立って、臨機応変に行動する必要がある。

### ◆優先席でわかる品格

要は、現時点でより弱者である立場に立っているのは、相手と自分のどちらか。自分の五感のすべてを駆使したうえで、それを判断するのである。**優先席に対する対応の仕方一つで、自分に健全な常識が備わっているかとか、自分の品格はどの程度のものかとかが試されている。**そのように考えてさえいれば、その都度適切に振る舞うことができる。

席を譲るかどうかの問題は、優先席の場合であれ普通の席の場合であれ、本質的には同じように扱われるべきである。まずは、先着順に座るというのが大原則である。それに、空いている席に到達するまでのスピードは同じでなくてはならないというルールが付け加えられる。

すなわち、我勝ちにと人の間を縫ったり人を押し退《の》けたりして行ってはいけない。ただ、そのようなことをする人は、人に非難されないまでも、人から白い目で見られる。それだけで気持ちのうえで負い目を感じるので、ある意味で十分に報いを受けているともいえる。ただ、そのような良心の痛みをまったく感じない人もいるようだ。**それは厚顔無恥の人で**

**あり、日々の仕事や生活の場のあちこちでそのような姿勢は表れているので、人にも相手にされない結果になっているはずである。**

人と人とがぶつかり合う場面においては、常に相手を優先する姿勢を堅持する。「どうぞお先に」といって自分は留まったり一歩退《ひ》いたりする。そのような言動をする心の余裕がなくてはいけないし、またそのようにすれば自分の心が温かくなり、それが心の余裕を生じる結果になるということもできる。

自分の権利については、黙って何もしないでいたら損をし、主張をして行使をすれば得をするという考えが一般的だ。一方で、自分の義務については、履行をすれば損をするが、知らないふりをしていれば得をすると考える節もある。しかしながら、皆がそのように考えたのでは、世の中は騒がしくなり乱れてくる。

自分に権利があると考えた途端に、「暴君」になる人も少なくない。自分の権利は相手の義務であると考えて、人を強制しようとするからである。

**権利を持ち出すのは最後の手段としてである。自分に権利があるときは、それを胸に秘めて、くれぐれも押し付けがましくなったり図々しくなったりすることのないようにする「義務」があると考えるのだ。**

# 会社の金だと良い酒を飲む人

特に最近顕著に見られる風潮であるが、金銭を意味する金には、尊敬や丁寧の気持ちを表す「お」をつけて「お金」といったり書いたりするのが一般的である。しかしながら、私は意識的に「金」といったり書いたりするのを原則としている。

口でいうときはカネと発音するので、誤解されることはないが、金と書いただけでは金属のキンと間違われる可能性もある。したがって、「お金」と書いたほうが親切であり、その重要性を強調することになるのは確かである。もちろん、私も金は大切で生きていくうえに必要不可欠なものであることには、まったく異論はない。

にもかかわらず、私は故意に「お」はつけない。そうすることによって拝金主義や金銭至上主義的なにおいが強くなるのを恐れているからである。金よりもっと大切である人間に対しては、「お人」などといわないで呼び捨てにしていることに不公平さを感じているのも、もう一つの理由である。

事実、ビジネスの世界では、本来の目的である人間の幸福に対する意識は薄くなり、その目的達成のための手段である利益の追求が主眼となっている。表向きは売上高とか利益とか格好のいい言葉を使っているが、実際には、金の我利《がり》我利《がり》亡者《もうじゃ》のように「カネ、カネ」と叫んで、金に対する執念に取りつかれている。

金は大切だといっても、頭から金の話をしたり金を最重要視するのは、はしたないというべきであろう。少なくとも教養や品位というオブラートに包んで扱うという姿勢が望ましい。それが礼儀に適った、奥床しい人の行動様式である。

また、人々の仕事や生活の中において金が占める位置は極めて重要なので、その扱い方や使い方によって、その人の人柄が如実に現れてくる。そこで、まず金はきれいに手に入れてきれいに使うことを心掛けなくてはならない。自分が自分の金を使うときと、人が人の金を使うときのバランスを常に配慮して、慎重を期す。**自分がほかの人や組織の金を使うときには、公正さや公平さにおいて欠けることのないようにと、万全の注意を払うことも忘れてはならない。**

以上のようなバランス、それに公正さや公平さが失われたときは、汚い金の使い方であり、人々はそれを敏感に嗅ぎつける。そこで品性下劣とか卑しいとか決めつけられて、うさん臭い人というレッテルを貼られることになる。そうなると、敬遠されたり仲間外れにされたりして、つきあってはもらえなくなる運命である。

◆**自腹だと何を飲むか、人は見ている**

周囲を見回してみると、**組織の金を使うときは惜しげもないが、自分の金を出すとなると途端に出し渋るという人が目につく。**卑近な例は、会社が費用を負担してくれる宴会や人がおごってくれる食事の席などでは、高価な酒を注文するが、自分自身が支払いをするときは安い酒しか飲まないといった類いである。もちろん、今日は記念すべき日であるとか思いがけない金が入ったからとかいって、椀飯振舞《おうばんぶるまい》をするときであれば、それもいいであろう。

だが、単に自分の懐が痛まないからといって、普段は飲まないような酒を注文するのは、やはり感心できない。何か付けこんでするといった気配が見え見えであって、精神の貧困さが強く表に出ているからである。

**普段自分が飲んでいる酒と同じ、または同列にあるものを飲むという終始一貫した姿勢のほうが、見ていても違和感がない。そのしとやかさやつつましやかな態度には、皆が心**

**を惹かれ好感を抱く。**

人の金であっても、自分の金とまったく同じように考えて大切に使う。**自分が無駄遣いをしないだけではなく、人にも無駄遣いをさせないようにするのである。**

「一銭を笑う者は一銭に泣く」といわれている。僅《わず》かな金だからといって粗末に扱っていたら、いつかはどこかで僅かな金がなくて泣くときがくる、というのだ。金はいつでもどこでも大切にしなくてはならない、という教えである。

それと似た考え方をして、**「人の金を笑う者は自分の金に泣く」**ということもできるだろう。人の金だと思って粗末な扱い方をしていたら、どこかで必ず自分の金がなくなって泣く羽目になる。人の金だからといって倹約した使い方をしないでいたら、それが習い性となって、自分の金についても、つい倹約することを忘れてしまうかもしれない。

また、**自分が支払うべき立場にあったり、応分の負担をしなくてはならなかったりするときは、支払いをためらったりケチをしたりしないことだ。**それが、きれいな金の使い方である。その点を間違えると、金に汚い人であるという烙印を押されることになる。

# 話を延々と独り占めする人

おしゃべりは嫌がられる。口数が多い分だけ内容には深みがなく、上滑りの話が多い。深く心を動かされることもないので、記憶にも長くは残らない。極端な言い方をすれば、無駄に時間を費やした結果になり、時間つぶしに役立つだけである。

とにかく息をつく間もないくらいに話し続け、話題も次々に変わっていく。口をつぐんだらほかの人にお株を奪われてしまうのではないか、と考えているかのようだ。話に出てきたことについて考えたり質問をしたりする時間までも、与えてくれない。本気で耳を傾けていたら嫌になるし、身を入れて聞いていなくても疲れてしまう。やかましいという感想しか残らない。

次に会う機会があっても、できるだけ相手にならないようにしようと思う。影を見たり気配を感じたりしただけでも、何とか気付かなかったふりをして、できるだけ遠くへ逃げたい相手だ。目が合ったら仕方がないので挨拶はするが、何か急用があるようなふりをして「ちょっと失礼」といって座を外そうとするだろう。

**要注意人物として避けることを考えなくてはならない。**物理的な危害を加えられるわけでもないし、自分が利用されて損をする目に遭う結果になることもない。そういう意味では危険な人ではない。だが、話を聞かされる相手になったら、いらいらさせられるのは間違いない。精神的な苦痛を味わう羽目になるのである。

**そもそも危害や苦痛に関しては、物理的ないしは肉体的なものよりも精神的なもののほうが、より深刻な結果をもたらす。**前者はなくなってしまえば、ちょっとした後遺症が残る程度である。そのうちに傷痕もなくなれば忘れてしまう。

だが、後者の場合は、心の中に深く刻み込まれているので、その後遺症は長く残ってしまい、癒えることのない場合が多い。忘れたと思っていても、何かの拍子にその記憶がよみがえってくる。記憶を完全に消してしまうのは至難の業であり、特に嫌な思い出は一生残る。

すなわち、**おしゃべりであるという印象が脳の中にインプットされたら、それは「永久保存」される結果になる、と考えていいだろう。**おしゃべりであるという事実は、その人の特徴的な声の音質と一緒に残る。長い年月が経った後でも、その音質が耳に入ってくるや否や、直ちに拒否反応が起こって、本能的にそこから逃げようとする動きが出てくるのである。

### ◆「おしゃべり」が相憎む理由

また、**おしゃべりは、同じようによくしゃべる人がいると、「あの人はおしゃべりだ」といって批判的な目を向ける。**第三者が客観的に観察すれば、当の本人のほうがおしゃべりの度合いが激しいと思われるときでも、そのようにいって相手を非難する。

「欲を同じゅうする者は相憎む」といわれている。自分と同じようによくしゃべるので、競争相手または敵だと思っている。相手がしゃべる分だけ、自分の出番がなくなったり少なくなったりするので、しゃくに障って憎らしく思っているのであろう。

**それにしても不思議なのは、おしゃべりは自分がおしゃべりではないと思っているらしいことだ。**しゃべるのに忙しくて、自分を客観的に見る余裕がまったくないからかもしれない。しゃべる度合いが過ぎれば過ぎるほど、自分の周囲から人が去っていくという現実を見て、早く気付いたほうがいいのだが。

一方、**人が歓迎するような話し方をする人は、表現が簡単で要を得ている。**相手にも話をする時間を十分に与えて、熱心に耳を傾ける。人の話の腰を折るようなことはしない。「話上手は聞き上手」なのである。自分が口を開くときは、冗長にならないようにしてポイントを短くいう。

シェークスピアの『ハムレット』に、**「簡潔は知恵の神髄」**という言葉が出てくる。言葉で最も重要なのは簡潔さであって、それが人の心に訴える力を持っている。話が長いと、どこに重点が置かれているのかがわからない。人の記憶力には限度があるので、ダラダラと話されると、前に聞いたことも次々に忘れていってしまう。

だが、簡潔で要を得た言葉が発せられると、脳裏にピッタリと刻み込まれるので、印象的なかたちで心の中に染み込んでいって残るのである。

式典などにおけるスピーチのコツは、簡潔を旨とするところにある。キャッチフレーズのように短くすれば、人々の印象に残る。長々としゃべっていたのでは、皆は話が早く終わることのみ願うのに忙しくて、話の内容などに耳を傾けているひまはない。

# 自分を高みに置いて上下関係をつくる人

昔の仕事の場では、エグゼクティブは自分自身で直接電話を掛けたり受けたりすることはなかった。すべて自分の秘書を通すというのが原則となっていた。仕事の手続き的なことや周辺的なことには煩わされないで、より中核的な業務に専念できるためである。同じ長さの時間でも、ボスのは秘書のよりも遥かに重要で価値が高いので、組織として効率的かつ経済的な運用を図ろうとする考え方が基礎にあった。相手の電話番号を探し出してダイヤルし相手が出るまで待つ。相手側も電話を受けるのが秘書であれば、本人が電話口に出るまでは待たなくてはならない。

さらに、事務的に伝達することであったら、わざわざ本人を呼び出さなくても、秘書同士で用が足りる場合さえある。重要な内容について話すときにのみ、本人が「お出まし」になるというかたちを取っていた。それはエグゼクティブの地位にある証拠であり、内外に威信を示すという効用もあった。

だが、呼び出された側としては、まずは相手の秘書に自分であることを確認され、それから本人が電話口に出てくるまで待たされなくてはならない。自分のほうが格上であると思っていたら、あまり気分はよくない。**人によってはかすかではあれ屈辱的な感じを抱く人がいるかもしれない。反感を買う可能性もあるのだ。**

一方、最近は一人ひとりに直通の電話番号があるようになった組織も多くなった。さらに、携帯電話の番号を知っていたら、そこに掛けて出てくるのは本人である。お互いに仲介者を経ないで直ちに話ができる機会が多くなった。これは電話の「ホットライン化」といっていいかもしれない。スピードを重視する現在にふさわしい流れだ。

しかし、まだ代表電話番号に掛けてワンクッション置かないと、相手と話すことができないシステムになっているところも少なくない。また、直通電話といっても、正確にいえば専用電話であって、実際には掛けるにしても受けるにしても、まずは秘書を通じてすることになる場合もある。

電話を受けるときは、何かの拍子に手が塞がったりしていたら、それでもいいだろう。だが、**電話を掛けるときは必ず自分自身でするべきである。**自分が話したいと同時に話すことができる状態にあるときだからだ。そこでわざわざ秘書の手を煩わせるのは、組織として時間の無駄遣いをする結果になる。

さらに、相手に対して礼を失することにもなる。相手が目上の人であるときはもちろんそうだが、たとえ目下であったり親友のように自分とまったく同列に位置する人であったりしてもである。自分のほうから電話をするときは、自分に何か聞きたいことがあったり、頼みたいことがあったりするときである。自分の欲求を満たそうとして相手に働き掛けようとしているからだ。

**そんなときに人を介して呼び出したり呼び立てさせたりするのは、上からの目線であると解釈される。**傲慢な人であると決めつけられても仕方がない。社会的地位が頂点に近いところにある人でも、重要なことを依頼しようとするときは、自らが直接に電話をしたり訪ねていったりする。

たとえ大物であっても、重要なことについて聞こうとするときは教えを乞おうとするときであり、相手に何かをしてもらおうとするときは懇願ないしは嘆願するときである。自らは平伏《ひれふ》して擦り寄っていって、相手に取り入ろうとするくらいの気持ちでいる必要がある。

## ◆「エラそうになるまい」と卑屈になる人

もちろん、そのように自分が目上に位置する場合であれ、逆に目下である場合であれ、卑屈な態度に出てはならない。きちんと礼を尽くしたアプローチをした以上は、後は正々堂々と礼儀正しく対等な立場に立って話をしていく。**卑屈なのは傲慢と同じように嫌がられる。**卑屈な姿勢をする裏には、相手から何かを引き出したり相手に何かをさせたりしようとする、いやらしい意図が隠されているにおいがするからである。

いずれにしても、ビジネスの場であれ個人的な生活の場であれ、自分のために何かを人にさせることは、できるだけ控えるようにする。電話一つの扱い方によっても、その人の人生ないしは人間関係に対する姿勢が表れてくる。

**どのような言動でも、人を介してではなく、自分自身でするのを原則とする。**子供のときから、自分のことは自分でするのだ、と教わりそのように努力してきた。大人になるに従って、人生のあらゆる分野で「分業」が行われているのを見るうちに、それに慣れてきた。時どき自分を見直してみて、自分のことを自分でしているかをチェックしてみる必要があるだろう。

# 奇をてらって逆効果になる人

　私がまだビジネスの第一線で働いていたころの話である。外国の法律事務所における仕事の中で、政府系の銀行を訪れる機会が頻繁にあった。そこで、いつも原色に近い色のスーツを取っ換え引っ換え着ている人がいた。一度会っただけで、すぐ名前を覚えることができたので、その点においては便利のいい人であった。

　仕事上の話をちょっとするだけであったので、スーツの色を話題にすることもなかった。積極的に人と係わり合うような人ではなく、おとなしい性格の人であったから、堅実を旨とする職場でなぜあのような服装をしているのか、その真意を測りかねていた。

　ただ目立とうとして奇をてらっていたと考えるほかなかった。仕事の場における衣服はいくら個性的なものにするといっても、一種のユニフォームである。その場の雰囲気にふさわしい色合いやシルエットのものにするのが、常識でありルールである。芸能人のように派手にして人目を惹こうとするのは邪道であって、いたずらにビジネス環境を乱すマイナス効果しかない。

普通の人が自分の仕事や日常生活の場で身につける衣服と舞台衣裳とを混同している。外見をあまりにも異例なものにすると、人々の目を幻惑して中身をごまかそうとしていると疑われても仕方がない。もちろん外見も大切ではあるが、外見よりも実力で勝負しようとする姿勢が肝要だ。

**外見であれ行動であれ、奇をてらうのは、普通とは違った風にしてそれを売り物にしようとしている。その動機や心根がさもしい。**表面的なことにおいてのみ人と違ったことをするのは、それだけで人間が薄っぺらであることを暴露している。きちんとした哲学がない事実が見え見えなのである。

本物の人間は、本物と偽物との違いがわかり、自らも本物に近づこうとして日夜努力を重ねている。**自ら目立ったことをしなくても、自然に頭角を現してくるので、結果として目立ってくる。中身が変わってくるので、一挙手一投足が目立つのである。**

一般的には、違っているというのはいいことであると考えられている。「今日は見違えるようだ」といえば、一応は褒め言葉である。だが、皮肉な見方をすると、ただ昨日よりは違って見えるというだけだ。ここでは、いいか悪いかの価値判断はなされていない。違っていることは必ずしもいいことではないのである。

奇をてらうのは、単なる表面上の違いによって人々を驚かせて、中身も優秀であると勘違いをさせようとしている。だが、何回も出会ったりつきあったりしていると、そのうちに少しずつメッキが剥げてくる。すると、最初に抱いた、飾られていた偽りの印象と現実との較差は甚だしい。

### ◆「**秘すれば花なり、秘せずば花なるべからず**」

「終わり良ければすべて良し」といわれている。逆は必ずしも真ではないが、「終わり悪ければすべて悪し」ということもできる。後味の悪い思いは、いつまでも消えないで残っている。それよりも、**最初は悪くてもだんだんよくなっていくほうがいい。**

最初から、飾ったりして効果を狙うことをしないで、ありのままの自分を見せるべきである。「偽善的」に振る舞うよりも、「偽悪的」にして、後からだんだんいいところも出していく。最初に勢いがよくて徐々に悪くなっていくよりも、尻上がりによくなっていくほうがいいに決まっている。

身なりについて物理的に人と異なった特色を出したいと思っても、これみよがしにはしないことだ。鉦《かね》や太鼓を叩くようにして見せびらかすのではなくて、少なくとも一見したところではわからないところで特徴的な細工をするのである。

たとえばスーツの場合であれば、普通は人の目につかないところで凝ってみる。裏地を鮮やかな色や斬新なデザインのものにするなどの工夫だ。何かの拍子に上着を脱ぐ羽目になったとしても、そこで自慢たらしく人に見せてはならない。できるだけ人の目に触れないようにして脱ぐ。

世阿弥《ぜあみ》の『風姿花伝』の中にある**「秘すれば花なり、秘せずば花なるべからず」**という言葉のとおりにするのだ。あらわにしたら何でもないことでさえ、隠せば神秘的になる。ましてや、人の目を見張らせるようなものを隠せば、その価値や効果は計り知れない。万が一にも人に見つかったときでも、恥ずかしがるくらいの風情がいい。そこに人としての奥床しさが感じられて、人々の心が強く引き寄せられていくからだ。

**誰にも見つからなくてもいい。その場合は自分独りで秘密を密かに楽しみ続けることができる。その心の余裕が前向きに進んでいくエネルギー源となっていくのである。**

# 逃げるのが妙にうまい人

仕事の場であれ個人的なつきあいの場であれ、逃げることが実に上手な人がいる。何か面倒なことや難しいことを頼もうと思っていると、いつの間にか姿を消している。そのような情況や気配を逸早く察知して、たとえ瞬間的ではあっても、手の届かないところへ行って身を潜めている。

そのように振る舞うことができるようにと、四六時中広範囲に神経を使い情報を入手するネットワークを張り巡らせているので、気の休まるときがない。自分の穴から常に頭を出したり引っ込めたりして周囲の情勢をうかがっている動物のように、キョロキョロしていて落ち着きがない。**危機に対する自分の対処能力や反撃力に自信がないので、逃げることを真っ先に考えているのだ。**

**それよりも自分の能力に磨きを掛け実力をつけることに専念して、どんなことに対しても立ち向かえるようにしたほうがいいのではないか。**同じエネルギーを使うのであれば、逃げ回るというネガティブなことよりも、何でも成し遂げることのできる実力の養成というポジティブな方向に向けるのである。

**嫌なことや難しいことを避けようとするのは人の常だ。したがって、それに挑もうとする人は少ない。すなわち、そこでは競争相手が少ないのである。**まずは競争相手を蹴散らしたりするエネルギーが少なくてすむことは、非常に有利な条件である。

難しいことだから成功する確率は低いだろうとは、必ずしもいえない。やさしいことであったら手を抜いたりする怠け心も生じるので、不注意による誤りを犯す危険性もある。その点に関しては、難しいことに対しては全力を傾注するので、火事場のバカ力のように思いがけない力が発揮されることもある。

また、難しいことであったら、たとえ失敗したとしても仕方がないとして諦めることもできる。周囲の人たちも、同じように考えるだろう。それに難事に挑戦したという勇気は、称えられこそすれ、けなされることはない。また、その努力をする過程において、多くのことを学んでいる。その経験は自分の「資産」となり、今後どこかで役立つことになるはずだ。

いずれにしても、個人的な生活の場ではともかく、仕事の場においては、選り好みをすることはできないのが原則である。どんなことであっても、命じられたり依頼されたりするところに従って、一つずつ粛々とこなしていくほうが得策だ。

やさしい仕事であれ難しい仕事であれ、常に背水の陣を敷く心構えで立ち向かっていく。**成功するか失敗するかと考えるのは、時間の無駄である。**それは前向きの意欲を鈍らせる結果になるだけである。そのように考えるひまがあること自体、心が消極的になっている証拠だ。

とにかく、自分がなすべきと決まったことに対しては、まずは目的へ向かっての第一歩を踏み出すことだ。ちょっとでも躊躇《ちゅうちょ》する心があったら、それだけ成就への道が遠のく。周辺的なことや末梢的なことを考えるのは、まだ立ち向かっていく気になっていない証拠でもある。

「下手《へた》の考え休むに似たり」で、直ちに本来の目的を達成することを考えなかったら、貴重な時間がなくなっていくだけだ。人に課せられた仕事であれ自らがしようと思った仕事であれ、「当たって砕けよ」である。手をつけていかなかったら、いつまで経っても結果が招来される道筋は見えてこない。

◆プレッシャーに負けない人が考えていること

私が本格的に執筆活動を始めてから、二十年強になる。最初は机に向かって座り、机の上に原稿用紙を置き、ペンを手にしても、といっても私の場合はシャープペンシルであるが、なかなか一行も書けない。心の片隅のどこかに、立派な文章を書かなくてはならないという気持ちがある。そのために、あれやこれやと考えるばかりで、いたずらに時間が経っていくのだ。結局は、書くという作業から逃げる結果になっていた。

そのようにして試行錯誤を重ねていくうちに、少しずつコツがわかってきた。何でもいいから、とにかく一行を書き始める。そのうえで、自分は自分の力以上のことはできないという現実を直視する。自分のベストを尽くす以外に道はないことを悟るのである。その点に見極めがつくと、それは諦めの心へとつながっていく。そこで、現実からも、自分自身からも逃げようとする気持ちが、徐々に薄れ霧散していく。

**自分自身とその能力をさらけ出すという気になれば、後は自然に作業もはかどる。すると同時に、懸命に努めれば、自分の能力以下の結果になることもないとわかってくる。それが自分の自信であり、自分自身を前進させる推進力となるのである。**

# 弱肉強食を頭から信じている人

自然界は弱肉強食の世界である。その中でも特に動物の世界では、その傾向が著しい。弱者は強者の餌食になる運命だ。弱者を犠牲にして強者が生き残って繁栄していくという構図になっている。もちろん、親子という特定の関係にあっては、親が子を保護するというのが一般的であるが、そのように特別の縁がない個体間にあっては、強者は弱者に対して容赦をしない。

人間には人情というものがあると、小さいころから教わってきた。人の心を思いやって共に生きていくのが万物の霊長である人間の特質であるというのだ。しかしながら、物心がついてくるに従って、必ずしもそうではないという現実ばかりが目につく。世間の様子や人情を解する心が養われてくると、人間の世界は「無情」が支配するところであることを、如実に感じるようになるのだ。

人に情を掛けていたのでは、自分自身が生きていく術《すべ》さえ失われるような事態が、次々と目の前に展開されてくる。そこで、表向きは人のことを考えながら振る舞うという体裁を整えていても、心の中では常に利己的な考えを根幹に置いて行動をするようになる。建て前は「共生」であっても、本音は自己中心主義なのである。

それは人間として道徳的には堕落であるが、世間的な大人としては、一種の成長として捉えられているというのが現実だ。世の中がわかってきたというのである。自分自身の周囲でも、日々弱肉強食の原理に従って動いている世界に直面せざるをえない。

ビジネスの世界でも、自己の利をできるだけ多く獲得しようとして、死闘ともいうべき争いが行われている。スーツを着てマナーに従って行動する紳士淑女も、一皮むいてみれば、利に狂って走り回っている存在でしかない。飲食ができなくなって飢えや渇きに苦しむことを恐れて、懸命にもがいている。

自分たちがつくり上げた企業を始めとする組織という、地獄の支配者にむち打たれて、過労を恐れながら必死の思いで死力を尽くしている。餓鬼道《がきどう》に落とされた亡者にも似ているところがあるのが、現在のビジネスの世界にいる人たちの姿である。

そのように地獄のような世界になったのは、個人主義だとか市場原理だとかいって、自分勝手に動き回るのを是とする考え方を、極度に進めていったからである。このあたりで、政治や経済などの世界で主導権を握っている分野は、心を落ち着けて懺悔《ざんげ》をしてみる必要がある。利に焦点を当てている考え方には悪ないしは悪に発展していく要素が多くあることに気付いて、世の中の進むべき方向について考え方を変えていくようになるはずだ。

## ◆理想と現実のバランスをどうとるか

目指す方向性の一つは、「幸せ」という基準であろう。それも一人ひとりの幸せと考えたのでは、個々の幸せに焦点が当たって全体の秩序を保つことができなくなる。実現不可能であるからといって最初から諦めないで、「皆の幸せを一律に」を目指すのだ。理想を掲げないところに、ベストの現実は実現されない。もちろん、一気にベストといったのでは実現性がなくなる。まずは「ベター」を目指し、それをさらに「ベター」にして、「ベスト」への道を築き上げていくのだ。

その出発点は弱肉強食の要因をできるだけ少なくするところにあるのではないだろうか。肉体的や精神的だけではなく経済的にもと、カバーする分野をできるだけ増やしていく。もちろん、かたちだけではなく実質的に一律にを目指していく。それは従来の資本主義や社会主義、それに共産主義などの枠内に入れて考えるのではなく、またそれらの「修正」

でもない。単なる平等主義でもない。

これまでの文明や文化の考え方も一掃して、人間の原点に立ち戻り一切の先入観を排したところから考えていく。知恵と感情を先験的に磨き上げていくと出来上がってくる「何か」である。それは新たな哲学であり、人類が滅亡へと向かっている気配が感じられる「現在」の軌道修正となることが期待される。

さて、ここで現在の強者と弱者の関係に目を転じてみると、一応は強者が弱者を助けるという仕組みも目につく。だが、少しずつではあるが、弱者が自分の持っている弱さという弱点を逆手に取って、社会にとってマイナスの結果をもたらしている場合も出てきた。

その典型的な最近の例は生活保護の制度である。どんなシステムの場合でも、その過渡期においては、それを悪用する悪者は必ずいる。だが、悪者は図々しく自分の利のみを謀るので、排斥されてしまうのが常だ。

**自分が弱者であるときは、その立場は武器になるが、それを振りかざしたのでは正義への冒瀆《ぼうとく》となる。**弱者であればあるほど謙虚になって、自暴自棄になってもいけないし、傍若無人な振る舞いもするべきではない。

## プライバシーを平気で侵害する人

好奇心の旺盛な人である。人が旅行に行ったことを耳にするや否や、すぐに寄っていって話し掛ける。相手が忙しくしていたり何かをしようと思っていたりしても、そんなことはまったく意に介しない。人の都合などには構わないで、一方的に行動を開始するのである。

「いつ」「どこに」行ったのかを聞いて、その大まかな様子や感想を知ろうとするくらいならいい。社交的な会話の域は出ていないからである。だが、「誰と」とか「何をしたか」などといった質問の雨を矢継ぎ早に降らせるようになると、明らかに行き過ぎだ。

そのような質問に対して、相手が曖昧《あいまい》な返事をしたり話題を変えようとしたりしていたら、それは迷惑だという意思表示を婉曲なかたちで示しているのだ。しかし、自分の興味で頭がいっぱいになっているので、それに気付く様子は見られない。しつこく同じ質問を繰り返して、相手に答えを強要している。

　さらには、自分も行ってみたいので、どのくらいの費用が掛かったのかということまで聞こうとする。**金に関することは、個人的な情報の中でも、かなりプライバシーに触れる部分が多くなる。まずは、直接的な聞き方はしないで、自分が勝手に推測してすませるのが、自分の品格を落とさないための人とのつきあい方である。**

　個人的なことをあれこれと聞こうとするだけでは、まだプライバシーの侵害は犯していない。だが、その準備をしているので、「予備罪」を犯すにも等しい。その意図がもっと強くなって、情報を引き出そうとしてあれこれすれば、「未遂罪」になるかもしれない。

　自分の権利を侵害しようとする人を、快く迎え入れる人はいない。他人の家の中へ土足で入っていこうとすれば、相手に嫌がられ煙たがられて、敬遠されるのは必定だ。その性向が皆に知れ渡れば、つきあってくれる人は徐々に少なくなってくる。

　**相手が嫌がる素振りを見せたら、即座に追及の手を休めなくてはならない。**深追いをしたら間違いなく警戒されて、近づいていくことさえ拒否されることになっても仕方がない。そのようなことが続いていけば、自分の世界は少しずつ狭まっていき、気がついたら周囲には誰もいなくなったという情況になってしまう。

　人に何かを聞こうとするときは、同じことを人から聞かれたら自分はどんな気分になるかを、まず考えてみる。自分が嫌だと思ったときは、それは人に聞いてはいけないことである証拠だ。

だが、自分は人に聞かれても平気であると思っても、人は聞かれたくないと思うこともある。したがって、相手の環境や性格などの要素を勘案したうえで、人に聞くかどうかを最終的に決める慎重さも欠いてはならない。

◆地雷だと思うくらいがちょうどいい

**人に何かを聞きたいと思ったときは、その内容と同じことについて自分自身の情報を開示するのが、取っ掛かりをつくる一つの方法である。**たとえば、相手の家族について知りたいと思うときは、まず自分の家族について打ち明けた話をするのだ。

すると、相手が愛想のいい人であったら、ごく自然に自分の家族のことについても、いろいろと話してくれる。もちろん、そのような働き掛けに対して、何らの反応が返ってこない場合もある。自分のアプローチが不発に終わったのであるから、そこでいさぎよく引き下がる。もし無理に情報を取ろうとすれば、相手としては、その不発弾に火をつけて投げ返してくるがごとくに、絶交宣言のようなことをするかもしれない。

自分の働き掛けが失敗したからといって、その場で元を取ろうと思ったら、せっかくのつきあいという人間関係までも失ってしまう結果になる。つきあいを長続きさせるためには、一方的に人のプライバシーに首を突っ込むことは控えるのだ。付かず離れずが、そのコツである。**相手のプライバシーは、地雷のようなものだと考えて、恐る恐る遠くから手探りで近づいていく姿勢が肝要になる。**

相手の中にまで図々しく入っていって踏み付けたら、爆発してしまう。それまで友好的かつ平和に保ってきた人間関係も、瞬時にして吹っ飛んで、跡形さえもなくなる結果となる。

人のプライバシーには、その人の生き方や生き甲斐《がい》、それに長年にわたって積み重ねてきた実績という歴史などが詰め込まれている。本人にとっては、このうえなく貴重な「無形の資産」である。それを単に自分の興味がおもむくままに白日の下にさらさせようとするのは、極めて失礼な行為であり、無情な振る舞いである。したがって、その扱いに関しては、慎重のうえにも慎重を重ねる姿勢を失ってはならない。

# 口先上手でうまく立ち回る人

その人には「しゃしゃり出」という渾名《あだな》がついていた。自分が担当している部門や自分の役職に関係ない場であっても、華やかさの要素があるときには、いつの間にか顔を出している。会社を重要人物が訪ねてきたようなときには、どこからか現れてきて必ず挨拶をするのだ。

それに関する情報についていては、どこで仕入れるのかわからないが、その機敏性と周到性には、誰もが感心していた。ちょっとした社内の雰囲気などを敏感に感じ取り、そこから探りを入れて関係者から強引に聞き出していたのであろうと推測された。

その重要人物が帰るときも、万難を排してとしか考えられないのであるが、必ず玄関まで出てくる。「お見送りいたします」などといって、車に乗るところまでついていく。あたかも重要人物接待担当のような役割を、勝手に担っているのだ。

相手には自分の顔を売り、社内には自分の存在感を示そうとする意図が、ありありと見てとれる。そのような振る舞いに対しては、皆うんざりした思いをしている。ところが、本人はそのような雰囲気には、まったく気付いている気配がない。

自分の我《が》が強すぎるので、自分の目がくらんだ状態になっている。というよりも、**自分にとって都合の悪いことは見たり聞いたりしたくない、という強い願いに従った拒絶反応の機能が自動的に働いているのであろう。**その結果もあって、まさに傍若無人の振る舞いになっている。

規模もそれほど大きくない同族会社であって、その社長と小さいときからの友人であるので、社員たちが皆遠慮勝ちな姿勢になっている。そこで面と向かって忠告する者はおろか、嫌味をいう人もいないので、我がままぶりに拍車が掛かっているのである。

もちろん、そのために便利のいいこともある。自分が直接に担当している取引先を接待する必要があるときは、誰でも進んでその任を果たす。だが、全社的な観点から接待をしたほうがいい相手先の場合などは、仕事が忙しいので、必ずしも気は進まない。そんなときに彼に頼むと、二つ返事で引き受けてくれる。

また、レセプションやパーティーなどは、その話を聞きつけるや否や、それに出席する役目を買って出る。さらに、それが社長や役員の代理出席であるときは、喜び勇んで行く。

その欣喜雀躍《きんきじゃくやく》ぶりは、子供のような無邪気さが溢れている感じである。「パーティー要員」になっていることに対して、それほど深くも考えないで、ただ単純に喜んでいる。

会社としても非常に都合がいい。然るべき年齢で白いものが交じった髪をしている恰幅のいい紳士だ。言葉遣いはどこまでも丁寧なので、礼を失することはない。お世辞をいうのが上手なので多少軽薄の嫌いがあるが、外交辞令をいうタイミングなども心得ている。

**◆外面のよさと内面の下品さのあきれたギャップ**

もちろん、外面《そとづら》がいい分だけ内面《うちづら》はよくない。自分より上の人には満面に笑みをたたえて接するが、目下であると思う相手には厳しい顔をして高圧的な態度をする。また、自分と同列に位置すると思う人に対しては、その時どきによって異なった対応の仕方をする。自面と向かっているときは、きちんとした言動に徹しているが、いったん陰に回ると、自分よりも下であるような扱い方をしてみせる。呼び捨てにしたり君付けで呼んだりする。

**機会ある毎に、少なくとも陰では格が下である印象を人々に与えようとしている。**したがって、よく知らない人である場合は、陰で話題にされている人について間違った知識を手にする結果になる。

自分をよく見せようとする、その絶え間ない努力とその執念深さには、脱帽するほかない。ただ、陰で人にジャブを入れるような遣《や》り口には反感を覚えるものの、自分についてそのように格下げしていっていることを聞いても、それほどには腹も立たない。語弊はあるが、自分の我を通そうとする幼児のような天真爛漫さの要素も感じられるからである。だが、その図々しさは限度を超えているので、つきあいたいと思う人ではない。

ある夏の夕べに、その会社の幹部連中がプールサイドに集まってパーティーを催したことがある。皆カジュアルな装いで、思い思いに飲食をしている。宴も終わりに近づいたころ、何人かが示し合わせて、しゃしゃり出氏を胴上げしたうえで、プールに放り込むことになった。寄ってたかって名前を連呼しながら何回か投げ上げた後に、掛け声と共にプールに投げ込んだ。

すると怒るかと思いきや、びしょ濡れになってプールから上がってきても喜んでいる。自分に人気があるからだと思っているようであった。能天気な人であるらしい。

# 個人的な勧誘をする人

学校を卒業してサラリーマンになったころ、私は実社会についてはまったく知識がなかった。銀行と取引をする部門に配属されたが、手形や小切手については大学の授業で多少は習ったものの、実務的なことはまったく知らなかった。すべてが目新しく、それだけに興味津々たるものがあって、張り切って学び取ろうとして、上司のいうままに働いていた。

客先から手形や小切手をもらってくる営業の人たちとも接触があったので、その先輩たちに教えてもらうことも多かった。いわれるとおりに素直に動いていたので、皆からも目を掛けてもらったり親切にしてもらったりしていた。

その中の一人に、特別にいろいろと面倒を見てくれる人がいて、気になっていた。すると、それに気付いた直属の上司が「彼には気を付けるように」といって、警告をしてくれた。ある新興宗教の信者であって、社内でもすでに何人かを勧誘したという噂があるらしいのだ。

その警告には感謝したが、私には自分の考え方には確固たる信念があるので、大丈夫であるという自信があった。そこで、その信者の人の働き掛けに対しても適当な受け答えをして、ぬらりくらりと逃げていた。だが、昼食に行こうとか、終業後に一緒に酒を飲もうとかいう誘いに対しては、断固としてノーをいい続けた。

**そのような勧誘に対しては、初期の対応の仕方が肝要だ。**相手が自分のほうに引き寄せようと思っているのが明らかであっても、一般的な社交の範囲内に収まっている限りは、拒絶すれば角が立つ。外交辞令的な言葉を駆使しながら、付かず離れずつきあっていればいい。

しかしながら、越えてはならない一線というのがある。その線の手前までできたと思ったら、きっぱりと拒絶の意思を表明する。きわどいところまでは、相手も何回かは攻めてくるかもしれない。だが、そこのところで明確な意思表示をし続ければ、そのうちに相手も諦めて追ってこなくなる。

### ◆情けはしばしば仇になる

友人や知人が何か商品やサービスを買ってもらおうとして、アプローチをしてくることもある。自分自身がセールスをしている場合もあれば、親友を助けてやろうと思って売ろうとする場合もある。

訪問販売の類いであり、人によっては生計を立てる手段であるときもあれば、小遣い稼ぎである場合もある。だが、個人がパンフレットを持ち歩いて何かを売ろうとしているときは、その程度には差があるが、マルチ商法のにおいがある。

自分がたとえ必要とする商品であっても、引き続いて長い期間にわたって買うことができる自信がなかったら、まずは手を出さないことだ。情け容赦がないようだが、情けは無用である。**「情けが仇《あだ》」になることは頻繁に起こる。**情けを掛けたばかりに後から泣く羽目になる。心を鬼にして断る勇気を持たなくてはならない。

「金を貸せば友を失う」といわれている。それまでは何らかの利害関係があったとしても、友人同士というぬくもりの世界の中では目立つことはなかった。ところが、金銭の貸借があると、債権者と債務者という対立関係が表向きに見えてくる。旗幟《きし》鮮明になってくるからである。

物品やサービスの売買においても、金銭の貸借の場合と同じように、一つの対立関係が生じることになる。商人と客という、突き詰めていけば利害が相反し「身分」が異なった関係になるのだ。

そのような間柄にあっては、売買の流れやバランスに変化が生じたら、どこかで対立的な感情が芽生えてくる。その強弱の度合いによっては、大きな問題には発展していかないかもしれない。だが、対立というのは婉曲な表現であって、それは「敵対」という関係にいつつながっていってもおかしくない。

また、人に金を出させても、自分には金銭的な利がまったくない場合もある。一緒にパーティーとか観劇とかに行こう、といって誘うようなときである。このような場合でも、誘う以上は相手がイエスというのを期待している。相手もそれがわかっているので、ノーというときはちょっとした心の痛みを感じているのが普通だ。

どのような種類のものであれ、勧誘を頻繁にする人は煙たがられる。そこで大きな支出が絡んでくるときは、その煙たがられる度合いも大きくなる。たとえ、支出を要しないときであっても、何らかの労力は要するし、それに費やす時間も必要になってくる。いずれにしても、**人を誘えば、喜ばれることもあるが、迷惑になることも多いので、控え目にしたほうが安全だ。**

## 政治家のような「いい逃れ」がやけにうまい人

人から「みっともない」などとは、誰も思われたりいわれたりしたくない。だが、**ついつい自分のしたいようにしていたら、みっともない結果になる場合は少なくない。自分の欲が突っ張っているので、周囲の情況や自分自身を冷静に見ることができないからである。**

自分のことがいちばんわかっていないのは自分自身であることを、まず心に深く刻み込んでおく。「知らぬは亭主ばかりなり」という川柳がある。自分の女房の浮気を知らないのは亭主だけであって、ほかの人は皆知っていて笑っているというのだ。自分にはわかっていると思っているので、広く深く知ろうとしない。つい注意力を働かせないで油断するので、事実を見落としてしまうのである。

そこで同じように、「知らぬは本人ばかりなり」ということができる。自分は細かく分析したりしたくない。そこで自分に関して嫌なことや悪いことが見えてきたら怖い、という気持ちがあるからだ。日々の言動を反省しながら自分を律していくのは、いうのは簡単であるが、実際には意外に難しい。

そのようなときには、手っ取り早い便法がある。「人のふり見て我がふり直せ」という教えを実行することだ。他人の言動については、いい点や悪い点を的確に見てとることができる。そこで、いい点を見習い、悪い点については自分ではしないようにすればいい。

とはいっても、いい点については特別に傑出した言動でないと印象には残らない。一方で、**悪い点については、ちょっとでも悪いと目について気になる。その例を「反面教師」として、自分の向上に役立てるのである。**

その点に関しては、テレビや新聞などのメディアには、日々さばき切れないくらいの「教材」が現れ出ている。特にニュースで報道されている政治家の言動は、その宝庫といっていい。**政治家の悪いふりを見て、そうしないようにするだけで、自分の言動について、かなりのグレードアップが図れるのではないだろうか。**

ニュースを見て政治の動きを追っていたら、腹立たしくてやり切れない気持ちになる。自分たちの人生と生活に直接関係してくることであると考えるからである。自分自身の気を鎮めるためには、現実の政治ではなくて、政治劇を見ていると思うか、彼らは政治ゴッコをしていると考えるかするほかない。

現実から目を逸らせてはいけないことはわかっているが、休むひまもなく不条理なことが行われ報道されてくると、息をつくひまもなくなる。少なくとも時どきはそのように考えて息抜きをすることくらいは、許されるのではないだろうか。

政治家の言葉には曖昧模糊とした表現が多い。何か決意表明をするときでも、「しようと思っています」などという。「思っている」という表現の付加によって、現時点ではそのつもりであるが、将来情況や条件が変わってきたときは、考え方が変わるかもしれないという含みを持たせている。なぜ「します」と簡潔にいわないのか。

言質《げんち》を取られないようにしているとしか考えられない。もし実行ができなかったり結果が悪かったりしたときに、いい逃れができるようにしている。責任を取ろうとする姿勢がまったく見えない。

また、何かを遂行しようとするときに、「なるべく早く」という言葉を平気で発している。「なるべく」とか「できるだけ」とかいうのは、「もしかすると」というのとそれほどには違わない。「早く」というのが努力目標になっているだけである。日時に対する客観的な基準ではないので、人によって「いつ」かの考え方が異なってくる。

仕事の場でも、重要度の高いことを仕上げるときは、何日の何時までと期限を切らなくては意味がない。「期限のない約束は約束ではない」のである。期限を決めなかったら、催促をしても「鋭意努力中」などといわれるだけだ。そこで遅いのをなじっても、「しないとはいっていない」といって開き直られても仕方がない。

**◆謝罪だけではダメ、賠償とセットにすべき**

また、何かがうまく行かなかったり不祥事が起こったりしたときは、「心からお詫びいたします」といって頭を下げればすむ、と思っている人が多い。**謝っただけでは十分でなく、そこで生じた不都合に対して弁償したり現状回復を実現したりする必要がある。謝罪と賠償はセットになっていることを忘れている。**

そのセットを最後まで成し遂げるのが、正しい責任の取り方である。その点をうやむやにするのは、卑怯であるしずるい。それでは人の信頼を得ることはできない。しかし、そのような人たちの多くが、政治や経済の世界の上層部にはびこっているのが、悲しい現実である。

◎2章の勘どころ

□電車の優先席への態度に人格が正直に表れる。

□「権利の行使は最後の手段とする義務がある」と考える。

□「会社の金は荒く使い、自分の金は出し渋る」では笑われる。

□自分にも人にも無駄遣いさせない金の使い方に、人は惹かれる。

□好かれる人の話は簡潔で要を得ている。

おしゃべりは、その自覚がないので要注意である。

□人を介して物事をすると「エラそう」と反感を買いかねない。

□卑屈は、傲慢と同様に嫌がられる。

□逃げ上手になるより、逃げずに対応する力をつけるほうがいい。

□人に何かを聞きたいと思ったら、まずこちらの情報を開示してみる。

□個人的な勧誘には、初期の対応が重要。

「情けが仇」になる事態を避ける。

□謝罪は賠償とセットである。

3章

# その気づかいのなさ、「年とったな」と笑われてます

## 取り巻きに囲まれ、お世辞に気付かない人

組織の中で主導権を握っていると、本人も気付かないうちに取り巻きができてくる。知らないうちに権力から発散されている「蜜」におびき寄せられるかのように、近寄ってくる人たちがいる。そこで目を掛けられたり引き立てられたりするのを狙ってくるのである。

もちろん、その職掌柄いつも近くにいなくてはならない人もいる。その人たちでさえ、自分の上司に当たる人に対しては迎合する傾向になるのが、自然の流れではある。だが、それ以外の複数の人たちが、単なる尊敬の念からだけではなくてお世辞をいうようになってくると、危険信号だ。本人が少しずつ裸の王様になる道を歩み始めているからである。

そのうちに、お世辞をいわれても、それが当たり前であると思うので、こびへつらわれていることに気付かない。すべて心からの言葉であると考えるので、得意になって喜ぶ。真実とうそを見分ける能力が鈍ってくるのである。「すごいですね」とか「立派ですね」とかいわれたら、正しい評価であるとして信じてしまう。

世間の常識から見た客観的な基準に従ったら「凡庸」というカテゴリーに入るものであるにもかかわらず、「秀逸」であると誤解してしまう。自分自身を客観的に見る目が曇ってきたのである。それは世間に通用する度合いが低くなってきたことでもある。

その堕落の過程は徐々に進行していくので、うっかりしていると本人は気付かない。だが、その兆候はあちこちに現れてくるので、自分の周囲を注意深く観察していれば、大まかなところはわかるはずだ。たとえば、組織の内部で多くの人が集まる機会があったときに、わざわざ寄ってきて一人ひとりが個々に挨拶しようと「門前市を成す」情況になった場合だ。

皆がご機嫌を伺おうとしているのである。自分が忠誠を誓っていることを示して、覚えておいてもらって、何かの拍子には引き立ててもらおうと思っている。いずれにしても、下にいる人たちが、自分の「機嫌がいいかどうか」に大いなる関心を抱いて顔色をうかがうようになったら、「裸の王様症候群」になっている証拠だ。

◆煙たい人に「一日一戒」をさせる

## ご機嫌伺いと単なる挨拶との違いや、お世辞と単なる感想との違いがわからなくなった

**ら、自分の視力や聴力、それに思考力が衰えて、本物と偽物の見分けがつかなくなったと考えていい。**

歯に衣《きぬ》着せないで思ったことをずけずけいってくれる親友に、意見や忠告を求めてみることだ。また、自分のことを最も大切に思ってくれている家族にも、自分の周囲の情況を説明して、できるだけ厳しくした論評をしてもらう必要もある。

そのような親友や家族の重要性は、強調しても強調しすぎることはない。ただ、そのためには、**普段から自分の考え方や日々の行動様式について、できるだけ詳細に話して情報をばらまいておく必要がある。**

そうしておけば、自分の周囲に多くの人が集まってくる理由について、彼らにも的確な判断をする基盤が整うことになる。すなわち、それは自分の人柄に魅せられているからなのか、それとも盛り上げないと自分の機嫌が悪くなるからなのかについても、正しい結論が出てくるのだ。

また、世間的な標準に従うと自分に富や権力があるのが明らかな場合は、**自分が煙たいと思う人を常に近くに置いておくように心掛けなくてはならない。**

その人には、小さなことでもいいから、どこかに批判の種になるものを見つけ出して、一日に一回はいってくれるように「命令」しておく。その命令は至上命令であるとして、**「一日一戒」**を実行させるのだ。

トップは多くの取り巻きがいて賑やかな環境の中にいるようであるが、それは単に物理的であって、精神的には孤独である、といわれている。だが、**煙たい人が横にいてくれれば嫌なことを耳にするので、寂しくて孤独をかこっているひまはない。そのようなトップのすることはすべて、多くの人たちの心情を汲んだものになるので、その徳を慕う人たちに囲まれた日々を送ることになる。**

トップの座を退いた後は、その権力もなくなってしまうが、ただのジイサンではない。多くの人々に慕われた実績と、その余韻《よいん》に包まれて生活することのできる「心豊かな人」である。地域社会にあっても、常に健全な判断力のある人として重宝される。

どのような状況の中または立場に置かれていても、批判する人がいなかったら、それは正常な状態にあるとはいえない。まったく異論がなかったり、一人も盾突く人がいなかったり、誰もノーといわなかったりしたときは、そこでは正しい常識や正常な判断が欠如している証拠である。議論を戦わせる必要がある。

## 小さな約束を守らない人

約束を守るというときは、通常は「固い」約束を守るか破るかを問題にしているようである。しかしながら、約束をした者同士の間では、その堅固さについても、そのときの情況によりかなりの温度差がある。一方は決死の覚悟で守らなくてはならないと思っていても、他方はできるだけ守るように努力すればいいと思っている場合も少なくない。

そこで、用心深い人は、絶対に守ってもらわないと困ると思っていたら、一筆《いっぴつ》書いておいてもらおうとする。やはり、文書にしておけば、それだけ当人の意識にも真剣さが増して、約束が履行される確率が高くなるからである。単に社交辞令的に約束するといったのではないことも、その時点で確認できる。

だが、**約束を守るかどうかは、確約をしたとかどうとかではなく、相手が信義を重んずる人かどうかによる。人格や人間性の問題なのである。**高潔な人格者であれば守ってくれるし、いい加減な人であったら約束を反古《ほご》にするのも平気だ。

立派な人は、約束が固いものであったかどうとかには関係なく、いったん口にした約束はベストを尽くして守る。**たとえ「小さな約束」でも、軽視しない。小さな約束でも履行できなかったら、「約束を破った」ことになると考えている。**したがって、誇張した表現をすれば、自分の名誉に掛けて自分のいった言葉に責任を持つのである。

たとえば、初めて会った人と話をしているうちに、自分が気に入って頻繁に訪れているレストランが話題になったとする。相手が目下であって、「私もそこで一度は食事してみたいと思っていました」といったのに対して、「では一度私がご案内しましょう」などといったりする。

軽く口にした言葉であるが、信義を大切にする人は、それを忘れることはない。あまり日時が経過しないうちに、食事の席をアレンジして相手の人を招待する。もちろん、相手は単に喜ぶだけではなく感激する。案内するといわれた段階では、ちょっと期待する気持ちにはなったが、軽く立ち話をしているときのことだ。

それまでも目上の裕福そうな人に、その種の話は何度もされたことがある。だが、すべてその場限りの話題の一つに対して、付け足して軽くいわれたことであったにすぎなかった。一度も実現された例はなかったからである。それがこんどの小さな約束は、記憶に十分残っている間に実行されたのだ。相手の人に対する尊敬や信頼の思いは大いに高まってくる。

### ◆約束の軽さは人間の軽さ

**口の軽い人の言葉は軽い。すぐにどこかに飛んで行って消えてしまう。その言葉を発した人も、吹けば飛ぶような「軽い人物」であって、その中身は「軽薄」と断じても、まずは間違いない。**

一方で、自分のいった言葉を大切にする人の言葉は重く、いつまでも存在し続けて、威力を発揮する。その人はどっしりと構えているので、「重い人物」である。その中身はぎっしりと詰まっているので、その特徴は「重厚」である。

内容が軽かろうが重かろうが、約束を守らないのは、うそをついたことにほかならない。たとえ相手を騙そうとする意図はなかったにしても、自分のいったとおりのことを自分がしなかったら、結果としては間違いなくうそをついたことになる。

「うそつきは泥棒の始まり」といわれている。うそをついて平気でいたら、そのうちに盗みをしても恥じないようになるというのだ。小さな約束を守らなかったとしても、人の財物を自分の物にするのではないから、罪を犯したのではない。だが、人の期待を裏切る結果になったのであるから、少なくとも人の心を乱している。それは人の心の一部を傷つけていることにほかならない。「精神的傷害」に似たことはしているのだ。

もちろん、小さな約束をした後で、諸般の事情が変わってくることはある。そのために、約束の履行が不可能になったり困難になったりしたときは、その旨をはっきりと相手に伝える。そのうえで、きちんと謝って許しを乞う必要がある。

そこで、何らかの償いができれば、このうえない。また、代替案を提示して、それを実行することで自分の責任を果たす、という方法もある。いずれにしても、自分がいったん口に出したことはうやむやにしないことだ。実行するなり後始末をするなりしておく。

**自分の口から出た言葉は自分の分身である。**分身の面倒は最後まで見なくてはならない。そのためには、口を慎むことが必要な場合もある。その場で自分をよく見せようとして口から出任せをいわない。**何か約束するようなことをいったら、よく覚えておくなりメモに書いておくなりしておくのだ。**

# いまだに「人様の迷惑」がわからない人

私たち夫婦は、最近かなり頻繁に近くの温泉へ二、三泊くらいの旅行をする。大都会の喧騒を逃れて田舎の静かな雰囲気の中でいい空気を吸おうとするので、当然のことながら週末や旅行シーズンは避ける。私たちは車は持っていないので、電車やバスを乗り継いで行く。

電車に乗った途端に、近くの席が一人か二人連れの客ばかりのときは、今日は運がいいと思ってほっとする。道中もある程度は静かさが保証されているからである。だが、三、四人以上であれ大勢であれ団体旅行のグループがいるときは、残念な思いに苛まれる。座席の予約を取るときに、個人客用と団体客用の車輌に分けるなどの配慮はできないものかと、はかない望みを抱いたりするときだ。

グループ客の場合は、乗り込んでくるや否や、幹事らしき人が弁当や飲み物を配るために忙しく歩き回る。発車すると同時くらいに、乾杯の掛け声と共に宴会が始まるのである。

皆思い思いに話が弾んでいき、喧騒に満ちた空間が大きく広がっていく。アルコールが回ってくると、その度合いは一段と激しくなり、それに大きな笑い声が混じる。

耳を塞いでも声は容赦なく入ってくるので、こんどは開き直った思いで、逆に耳をそばだててみる。すると、**あまりおかしくもない話に対して過剰反応をして、大笑いをしているのがわかる。一座の雰囲気を盛り上げるために、皆が協力して景気をつけているのだ。**

座席は自分たちが予約しているので、専用する権利はある。だが、**大声や爆笑は自分たちのテリトリーを越えて、人のテリトリーへと勝手に侵入している。越境して人の権利を侵害しているのである。**そんなときに、グループのリーダー格の人が立ち上がって、その騒がしさを抑えるようにという場合がある。

すると、いったんは多少控え目にするが、またぞろ徐々に騒がしくなってくる。しかしながら、人に迷惑を掛けないようにと注意した人がいるという事実は重要だ。ほかの人に対する配慮を心掛けている人がいることを知っただけで、同じ騒がしさの中にいても救われる思いがする。

ひるがえって自分自身のことを考えてみる。仲のいい者同士のグループで旅行するときに、果たして自分たちは紳士淑女然として静かに振る舞っているかどうか。楽しさに浮かれて舞い上がり、同じように皆で大騒ぎをしているのではないか。

「人のふり見て我がふり直せ」である。貸し切りの車でない限りは、周囲にいるほかの人たちが迷惑をするようなことをしていないかと考える。常に自分たちを客観的な目で観察してみようとする心掛けを失ってはならない。せめて自分一人でも、皆が我を忘れないようにと、自分たちを見張り続けて戒め役を担おうと決意する。

## ◆大声下品、小声上品

レストランで会食をするときでも同様だ。個室でなかったら、ほかの客と空間を「共用」していることを忘れてはならない。面白いことがあったら笑ってもいいが、できるだけ控え目にする。特に大人数のときは、レストラン側も店の中の一角に座席を集めてくれたりするので、つい個室の中にいるような気になる傾向がある。

食事の席では十分に会話を楽しむのも目的の一つである。**だが、近くの席にいる四人組は、もしかすると亡くなった友人を悼んでいる可能性もある。**そのように考えれば、野放図にふざけ合うのも差し控えようとする気になるだろう。楽しく食事をする中でも、時どき冷静さや厳粛さを織り交ぜてみる必要がある所以《ゆえん》だ。

いずれにしても、自分たちの中ではお互いに聞き取れるが、ほかの客には話の内容がわからないような声の大きさを心掛ける。それがほかの人がいるところで話をするときのマナーの基本である。**大声でしゃべるのは下品で、小声で話すのは上品である、と思っておけばいい。**

何をするときであれ、外に出てほかの人がいるところでは、我が物顔に振る舞ってはならない。人の迷惑にならないようにと常に我が身を律する。さもないと、人に煙たがられ嫌がられ軽蔑されてしまう。最後には、見下げ果てた奴という烙印を押されて、どこに行っても相手にされなくなる。

もちろん、自分の家の中でも、迷惑の度合いが過ぎたら、家族から嫌がられ厄介者として扱われる。そうなると、追い出されるか捨てて出て行かれるか、という結末になる危険性さえある。

四面楚歌となって、周囲はすべて敵となったとしても、最後まで自分の味方をしてくれるのは家族である。その家族に見放されるようなことをするのは、自殺行為にも等しい。

**家の中でも品格を保つ努力はする必要がある。**

## 自分のために「おやじギャグ」をいう人

ちょっとした言葉の綾を操って、自分としては気の利いたことをいったつもりでも、遠慮会釈のない若い人たちから「おやじギャグ」だといわれて、一笑に付されることがある。それも文字どおり「一笑」でもされたのであれば、笑いを誘ったので一応の目的は達成したことになって、多少ではあるが満足感がある。

だが、「一笑に付す」という表現が意味している、価値がないものとしてまったく問題にしない雰囲気であったら、気分はよくない。せっかくの努力が水泡に帰し、逆にバカにされたと感じ、小さなプライドではあれ傷つくからである。

おやじギャグという言葉は、仕事などの場で年輩の男性がつまらない駄じゃれをいって皆の笑いを誘おうとするのに対して、女性たちが冷たい視線を投げ掛ける様子を示している。内容が下らないので「寒く」なり「凍りつく」気持ちになるという。**笑いを誘おうとする姿勢に卑屈さの気配を感じると同時に、本人が得意になっている点に対する反感も込**

**められているようだ。**

だが、駄じゃれも話をしている中で自然に飛び出してきて時宜に適っていれば、極めて効果的である。たとえば真剣な雰囲気が極端になって硬直化しそうになったときであれば、皆の気分を和らげるのに役立つ。そこで、頭の中も柔らかくなって、原点に返って考えてみる余裕も生まれてくる。

**駄じゃれが非難されたり嫌われたりするのは、笑わせたうえに、あわよくば人気を取ろうとする意図が見え見えであるからだ。**人を笑わせようとすると、時どき話の流れや内容に無理が生じてくる。自然に出てきたしゃれに対して、人が笑う結果になるのがいいのである。

◆「しゃれ」の良し悪しを分けるもの

利休の言葉に、**「叶いたるはよし、叶いたがるは悪し」**というのがある。人にこび迎合しようとする気持ちを戒めて、謙虚に振る舞い、その結果が人の心にすんなりと受け入れてもらうようになるのがいい、という教えである。何をするときでも、このような心掛けを忘れないでいれば、人々の不興を買うことにはならない。

そもそも、しゃれというのは、否定的に扱うべきものではない。その中でグレードの落ちるものに、つまらないを意味する「駄」という言葉をくっつけて、否定的なニュアンスを付け加えているだけだ。

元々、しゃれは知的で高級な「遊び」の一種である。言葉の同音を利用して気の利いた文句にして、楽しむものだ。そこで人々の心に余裕の風を吹き込んで、笑いというポジティブな感情の波を起こさせる結果になる。

言葉という知的な道具を効果的に使って、物事を上手に、しかも美しく表現しようとする知的かつ情緒的な活動は、修辞といわれている。

その中でも、しゃれには「粋」な要素が色濃く表れている。同音異義語を駆使したり、頭韻や脚韻を踏んだりして、趣のある表現をする。いったり書いたりした人の頭に浮かんできたことが、聞いたり読んだりした人に、ぴったりとそのままに伝わったとき、両者ともにその醍醐味を味わう。

そのときは、お互いの心が一つになっている。周波数が一致しているので、お互いの感情も交じり合って同調し、そこで一段と高くなって共鳴するのである。たとえ束の間とはいえ、安らかで希望が満ちた一体感を楽しむときだ。

**おやじギャグといわれるのではないかと思って、せっかく頭に浮かんできたしゃれをすぐに抑え込む必要はない。時と場所と場合にふさわしくないと判断しない限りは、口に出してみる。**世の中で一般的な傾向になっている考え方に支配されて、萎縮してはいけない。

少なくとも親しい仲間と一緒に話をしているときは、大いにしゃれをいって楽しんでみる。しゃれをいったり理解したりするのが、自分の頭の体操になることには違いない。多少は人に嫌われる結果になってもいいから、駄じゃれの気味があっても、臆せずにいってみる。頭が錆びつかないようになる効果ぐらいはある。

私は英字新聞も購読している。そこで真っ先に見るのは、ニュースとして載せられている大きな写真の部分である。それには比較的大きな字で見出しがつけられていて、それらには大概頭韻や脚韻が踏んであったり、一つの言葉に二つ以上の意味が持たせてあったりする。それがわかったときは、嬉しくなって、さらに英語に対する興味が一層強くなる。

年を取ったので、おやじギャグというよりもジジイギャグだといわれても、昔からの友人たちと駄じゃれをいい合ってみる。それができれば、まだ頭が正常に働いていて元気である証拠だ。

# 自分の不潔に気付かない人

私たちの年代がまだ子供であった終戦当時は、まだ生活のあちこちに不潔なところが見られた。食べ物に関しても、腐りかかったものを食べてしまうこともあった。冷蔵庫も普及していなかったし、消費期限や賞味期限などという考え方もなかったので当然だ。

独り暮らしの人には、あまり洗濯もしないで汚くなった下着を何日も着続けている人もいた。部屋を長い期間にわたって掃除していない人も、それほど珍しくはなかった。物質的に貧困であったので、清潔にするところまで手が回らなかったのである。もちろん、貧乏でも汚いのは恥だといって、身の回りのものやことについて清潔さを旨とする人たちも少なくなかった。

たとえば、私たちの母の年代、すなわち大正期あたりに生まれた人たちの場合は、身につけるものには、特に気を使っていた。貧しかったら、見栄えがする衣服を着ることはできないが、とにかく洗濯の利いた清潔なものを身につけることを身上としていた。さらに、目に見えるところよりも目に見えないところをよりきれいにするのも、誇りに思っていた。

したがって、**下着はたとえ擦り切れていても、汚れ一つない清潔なものを心掛けていた。**洗いざらしのほうがよりきれいである、というくらいの考え方だ。外出していて病気や怪我で人の世話になったり病院に連れていかれたりして下着が汚なかったら、自分の恥だけではなく、一家の末代までの恥になると思っていた。

昔の日本人が誇っていた「清貧」の考え方の一端である。金があったら数多くのもので飾り立てるので、複雑になり「騒がしく」なる。それは、すっきりしていない分だけ、不潔感を増大させる可能性がある。**貧しいとシンプルになるので、それだけ清らかさが強調される結果になる。**

もちろん、少量でも汚いものは汚い。だが、少なければ少ないほど磨き上げていくことが容易になる。一方、きれいにしようと思っても、大量になれば手が回らなくなる。放置しておけば汚くなっていくのが自然の流れである。

人は誰でも汚いよりも清潔がいいに決まっている。だが、常に清潔を保つためには、自分自身が絶え間なく清潔を心掛け、そのための努力をし続けなくてはならない。その努力を怠った途端に、自分や自分の周囲が「清潔から不潔へ」の道を進み始めるのだ。すなわち、清潔の敵であり不潔の味方をするのは、怠け心なのである。

**◆きれいな女性の髪が臭うことがある**

**ちょっとでも汚いところがあったら、そこからその人の生活態度の有様がすべて見えてくる。**自分は隠しているつもりでも、はっきりと表に出てくるのである。すなわち、怠惰、怠慢、横着、ずぼら、骨惜しみ、無精などの言葉を、次々と人の目の前に映し出して、「これが私の本性です」といっているにも等しいのだ。

表向きをきれいにしただけでは、その化けの皮は直ちに剥がれてしまう。中身から一つずつきれいにしていき、その積み重ねのうえに立って表もきれいにするのである。その順番を間違ってはいけない。

風呂に入ったりシャワーを浴びたりして、頭から爪先まで全身を隅々まできれいに洗う。そのうえで髪をきちんと整える。男性であればひげを剃り、女性であれば化粧をする。歯も満遍なくきれいに磨く。そのように身体をきれいにしたうえで、清潔な下着から順次身につけていくのだ。きれいに磨かれた靴をはき、手にするカバンやバッグ類にもほこりがついていてはいけない。

さらに、その日一日へ向かってその心も新たにして、邪心や私心はかけらもないようにする。いくら身体や身の回りが清潔であっても、心に汚れがあったのでは、結局は人に不快感を与えてしまう結果になる。また、**一日のうちでも人に会ったりするときは、その都度心身が清らかな状態になっているかどうかをチェックする。**そこで改めるべきところがあったら、すぐに改める。

**表面はきれいにしていても、内側や中身に汚いところがあったら、必ず「臭う」ものだ。**きれいな身なりをして、きれいに化粧をしている女性であっても、髪の毛が臭うことがある。そうなると、その女性に会う度に、その臭いの記憶がよみがえってくる。悪いイメージが定着してしまっているのである。視覚におけるきれいな映像と嗅覚における悪い記憶との落差が激しいので、強烈な印象が残っているからだ。

**自分のどこかに不潔な部分があることを上手に隠しおおせたと思っても、自分自身はその事実を知っている。それは一種の劣等感となって、自分の言動に対してマイナスの影響を与えるので、結局はためにならない。**

## 勝手な「食べ方」をする人

食べるというのは、生きるためには必要不可欠な行為だ。誰でも人から教わらなくても本能的にできる。**だが、その食べ方が上手か下手かによって、人生がよくなるか悪くなるかも、大体は決まってくる。**したがって、本能的な行為であるからといって、自然に任せて自分が好きなようにしていいということにはならない。

まずは、食による身体的ならびに精神的な効果が最適になるように配慮する。良質な食べ物をタイミングよく適量に食するのが常識であるが、仕事を始めとする各自の活動に影響されて、理想的なかたちで実行できる人は非常に限られている。そのために、健康であるべき人が不健康になっているのは、「現代病」のカテゴリーに入れて悲しんでいるほかないであろうか。

また、家庭ではもちろん、仕事や個人的な生活の場でも、独りでというよりも、ほかの人と食事をするときのほうが多い。会食となると、一緒に食事をする人にも配慮してする必要が生じる。社会性という要素が入ってくるので、食のルールないしはマナーを守らなくてはならない。

ルールやマナーというと、杓子定規で堅苦しいので、不自由で人を束縛するものとしてマイナス面が多いと考える向きがある。しかし、複数の人が同じような行動をするときに自分勝手なやり方をしたのでは混乱が起こる。結局は、皆がそれぞれにほかの人から「束縛」されて、苦々しい思いをする結果になる。**ルールやマナーは、物理的にも精神的にも安全かつ平和な思いをしながら、その場を楽しむためのものなのだ。**

社会性のある物事に関しては、その内容が何であれ、ルールやマナー、それに不文律的な暗黙の了解事項がある。それを一つの行動指針として守っていく人は、人々から歓迎されて直ちに仲間に入れてもらうことができる。一方で、そのようにできない人は、人々に疎まれて徐々につきあってもらえなくなる。寂しさをかこつようになる人だ。

**会食における振る舞い方を見れば、その人が自分勝手な人か、それとも人に対する配慮の行き届いている人かが、如実にわかる。**だからこそ、個人的または集団的な「見合い」では一緒に飲食をしながら相手を観察して「品定め」をするのが効果的であるとされているのだ。

## ◆箸の扱いと食べるスピード

さて会食における基本的な考え方は、人に迷惑を掛けないことである。確立されているテーブルマナーにも、その要素があちこちに散りばめられている。人に不快感を与えるようなことをしてはならない。

食べ物を口に入れるのであるから、あらゆる点で清潔を心掛けなくてはならない。汚ないことをしてはならないし、それを想像させるようなことも御法度《ごはっと》だ。ナイフやフォークやスプーン、それに箸の扱い方も、できるだけ音を立てないようにすると同時に、動作が美しくなるようにする。そのような意味では、気取りがない程度において「芸術的パフォーマンス」に近くなるようにする必要があるかもしれない。

食のマナーに関しては、私も何冊かの本を書いて出版している。マナーに自信のない人は、その類いの本を読んで実地に練習してみたほうがいいかもしれない。まずは、自分の家で食事をするときに、マナーどおりにしてみる。たとえば箸一つについても、長い歴史の中でコンセンサスを得て出来上がっている、最も美しい扱い方がある。

それができるようになっただけでも、整然たる雰囲気を醸し出すことになる。一緒に食事をする人に対して、誠実で信頼できる人という印象を与えることができる。**食事の最初から最後まで、箸の扱い方と箸置きの使い方が一糸乱れずにできれば、それだけで人々の自分に対する評価は必ず上がる。**

食事のときの便利な道具にすぎないからといって、「たかが箸一つ」とか「たかが箸置き一つ」と軽視してはいけない。それらの扱い方一つによって、自分の人格や教養、それに将来性などのすべてが、表に出てくるのである。

**洋食であれ和食であれ、コース料理を食べるときは、特にほかの人たちと同じスピードにしなくてはならない。**自分だけが早く食べ終わってもいけないし、自分だけダラダラと食べてもいけない。特に後者の場合には、一人でも食べ終わっていない人がいたら、次の料理が出てこないので、皆に迷惑を掛ける結果になる。レストラン側の人たちも出来立ての料理を出すタイミングが乱れるので、迷惑を被る。

食のルールやマナーは、関係者全員が迷惑な思いをしないようになっている。それを守らなかったら嫌われる人になるのは必定だ。

## 昔を懐かしむ話を何度もする人

昔の話を頻繁にするようになったら、年を取ってきた証拠である、といわれている。しかも、「あのころはよかった」などといって、古きよき時代を懐かしむようになったら、確かに老年の徴候といっていい。現在よりも過去のほうがずっとよくて、これからの未来に対してもあまり期待できない心情が表れているからである。

もちろん、同じ時代を共に過ごした人と昔について話すのは、心温まる思いがする。それが楽しい思い出であれば、幸せを共感するときである。辛かったり悲しかったりする話でも、それを乗り越えてきた自分たちに対する自信を確認し合うときである。いずれにしても、旧交を温めて心密かに結束の意欲を強くする結果になる。

しかしながら、仕事や日常生活においてまったく関係がない人に対しては、昔がよかった話をしても、その具体的な内容が波瀾に富むものでない限りは、面倒くさがられるだけだ。もちろん、話の内容が面白かったら、興味を持って聞いてもらえるかもしれない。だが、それが現在の凋落《ちょうらく》ぶりを示唆することになれば、心の中では憐憫《れんびん》の情を催させる結果になっているかもしれない。

　典型的な経験をした話がある。その人が生まれた家は歴史的にも有名な一家だ。広大な土地があって、その一部には一族の人たちが住んでいたり、その経営になる美術館も建っていたりしていた。現在ではその大半は売却されて事務所ビルやマンションの敷地だ。

　最初に、その彼女の話を聞いたときは面白かった。敷地の真ん中に大きな池があって、子供のときはそこに舟を浮かべて遊んでいたというのだ。木の茂った森のような庭の中を、馬に乗って走り回ったという話も、目を細めて懐かしそうな口調で語ってくれた。

　昔の金持ちの子供の優雅な生活ぶりを垣間見る思いがして、私自身も映画の中のシーンを想像しながら、耳を傾けていた。私も、そのような生活をしていた人がいるといって、彼女のことを人にも話していた。私がその話を聞いたころは、まだマンションなどは建っていなかったので、私の話を聞く人もその信憑性を疑う人はいなかった。それだけに話としても非常に面白かったのだ。

　ところが、その彼女が何かの拍子に同じ話を繰り返してするようになった。そうなると、歴史的事実の話というよりも、自慢話としての色彩が濃厚になってきた。本人以外には、まったく懐かしいという気持ちはなく、ただ同じ話を何回も聞かされるうっとうしさしかない。「また例の話が始まった」といって、うんざりした気持ちにならないうちに退散することになる。

さらには、彼女が現在に生きようとしないで、過去に目を向けていることが、他人事ながら嫌になってくる。現在でも十分に豊かな生き方をしているにもかかわらず、いたずらに過去と比較して現在をおとしめているのがもったいない。

**過去に目を向ければ、自分自身が過去の人になって「古物」と同じになる。**骨董品にも等しい存在になってしまったのでは、ただ見るだけの対象でしかない。人は自分に興が湧いてきたときにのみ相手にしてくれるにすぎない。

**普段は人から煙たがられて、できれば避けようとされる。たとえ人を摑まえたと思っても、すぐに逃げられてしまう。そこでは、コミュニケーションは成り立たない。きちんとした内容のあるつきあいはしてもらえないのである。**

## ◆昔話が効果的な唯一のケース

過去に生きていて人を過去に引きずり込もうとする人を相手にする人は、同じように過去に生きている人しかいない。「同病相あわれむ」で、慰め合うことしかできない。ほかの人から見たら価値のないものを、唯一の財産として後生大事に抱え込んでいるにも似ている。

**過去の話を人にしていいのは、それが相手の現在や未来にとって大いに参考になると確信するときだけだ。**過去に心が「惹かれて」いたら、前には進めない。過去とは訣別して日々気持ちを新たにしながら、人に接し交わっていく。

過去の中に生きているのは、実際には「生き物」ではなく「死に物」である。死に物が生きる世界は「死に物狂い」にしかない。常に進歩を心掛けて前向きに生きていく。それも「生半可」にではなく、「死に物狂い」にするくらいの真剣さが必要である。「生き」ていくためには、一瞬たりとも休まないで「息」をし続けなくてはならない。怠けているひまはない。時どき後を振り向くのは、自分の軌跡をチェックしてみて、これまで進んできた道が正しかったかどうかを反省する資とするためだ。

# 人の名前と顔を覚えない人

レセプションやパーティーで初めて会い、名刺交換をしてちょっと話しただけの人の名前や顔を覚えるのは難しい。特別な仕事の関係などもない人であったら、月日の経過とともに、誰が誰かもわからなくなっているのが普通だ。

したがって、**ちょっと会っただけの人に偶然に行き合ったときに、名前を呼ばれて挨拶をされたら、驚くと同時にちょっとした感銘を受ける。**そこで、こんどは自分が相手の名前と顔を心に刻みつける結果になる。その人に対する関心が大いに高まったからである。

顔は自分の表看板である。名前は自分であることを示すアイデンティティーの手段だが、自分にとっては何物にも換え難い財産の一つで、自分の存在価値の象徴でもある。したがって名前を大切にしてくれる人は、自分にとっても大切な人となる。

日本のビジネス社会では、人をその肩書きで呼ぶ習慣がある。これは相手の地位を尊重して敬意を表する効果があるが、同時に名前を正確に覚えていなくてもいいので、非常に便利がいい結果にもなっている。ただ、皮肉な見方をすると、もちろん地位は高いのであるが、組織の中の一員としか考えていない意味合いもある。

したがって、その人がその会社を辞めると、取引先の人たちにとっては、誰でもなくなってしまう。ビジネスの舞台からは消えてしまった存在になるのである。もちろん、演技の上手下手はあったとしても、誰にでも務まった役割を果たしていたようなものだ。次々と新しい代役が現れては消えていき、ショーが続けられていく。

一方、欧米では、もちろん肩書きは尊重するものの、必ず名前で呼ぶ習慣だ。個人主義が浸透している社会であるから、個人の意義や価値を強調して尊重するのである。挨拶をするときでも、単に「お早うございます」とか「こんにちは」というだけではなく、その後に必ず相手の名前を付け加える。

ビジネスの場であれ個人的な生活の場であれ、人間同士がつきあう場として捉えて、親愛の情を示すのである。そのような習慣があるので、彼らは人の名前を覚えるのに優れている。**特に外交官の場合は、一回ちょっと会っただけでも、人の名前を的確に覚えている。**外国の人との交際や交渉が主な目的であるので当然かもしれないが。

### ◆たった一度話したことを覚えていてくれる感動

とにかく、人と人とがつきあうときは、まず相手の顔と名前を覚え込むのが出発点である。そこに全力を傾注する。**相手の名刺をもらったら一瞥《いちべつ》するだけの人がいるが、それは礼を失する行為である。**名前については、その読み方をきちんと確認しておく。次に社名や部署に肩書きを正確に覚える。

会ったときの会話の中で、相手についてほかの情報も得ることがある。たとえば、家族や経歴や居住地などについて話が出たときは、それを名刺の余白にでも記しておく。もちろん、それは相手と別れてからする作業であって、相手の前では絶対にしてはいけない。そんなことをしたら、相手の顔に泥ならぬインクを塗るにも等しい行為になるからだ。

その人と次に会う機会が事前にわかったときは、前回に得た情報をチェックしておく。そうすれば、会ったときに「息子さんは相変わらずテニスに励んでいらっしゃるのですか」などということができる。

自分が何気なく口にしたことを覚えてもらっていたら、嬉しく思うものである。自分に対して並々ならぬ関心を抱いてもらっていることがわかるからだ。

逆に、**自分のことについてまったく覚えていなくて、「ところでご家族は」などと再び聞かれたりすれば、相手の記憶力の悪さにあきれるというよりも、自分を重要視してくれていない証拠を見た思いがして、嫌になったり時には反感を覚えたりする。**

もちろん、前に会ったかどうかも定かでなかったり忘れたりしていたら、礼を失することと甚だしいことになる。「失礼しました」と謝っても、多分許してはもらえないものと、観念しておいたほうがいいだろう。

非常に特徴的な顔であったり珍しい名前であったら、覚えるのも比較的簡単である。だが、特に大勢の人に次々と会ったときは、きちんと名刺交換をして挨拶をしても、顔については忘れたり、顔と名前が一致しなかったりする。そんなときは、その点を正直に述べて、自分の記憶力の悪さを恥じて謝るほかないであろう。

ある出版社の社長に、初めて社を訪ねた人と一緒に記念撮影をするのを慣《なら》わしにしている人がいた。これは、人の名前と顔を覚えるために極めて効果的であったようだ。この例を一つのヒントにして考えていけば、いい方策が見つかるかもしれない。

# ネガティブな発言で疲れさせる人

挨拶の仕方によって、その人がどんな気分であるかが十中八九はわかる。相手の目を真っ正面から見て笑顔いっぱいに元気よく「お早うございます」という人は、前向きに生きようとする気力が溢れている。逆に、ほとんど下を向いている様子で小声の挨拶をする人には、あまりやる気は見られない。

**元気のない人に相対すると、たとえ瞬間的ではあっても、その場の空気がよどんでくるような気がする。**顔を合わせて損をしたとか、顔を合わせるのではなかったとか考えて、自分までもが暗い気分になる。何か前日に嫌なことがあってそれを引きずっていたり、心配事があって悩んでいたりするのかもしれない。だが、人と会うときには、そのような気分を面に出すべきではない。それは相対する人に対する礼儀でもあり、それができなかったら、そのうちに皆に敬遠されて、つきあいの輪は狭まっていくばかりだ。「病は気から」ともいわれているように、気分の持ち方によって、病気さえもよくなったり悪くなったりする部分がある。ましてや、気分そのものは、意志さえ強く持てば少なくとも瞬間的には、よくしたり悪くしたり簡単にできるはずだ。

自分が芝居をするつもりになればいい。自分の暗い気分をそのままに「地」で行かないで、人に挨拶をするときだけ、明るい気分を演出し、演技してみる。いわば、鬱の人の部分を抑えて、元気のいい人の特徴を印象的に見せようと努力してみるのである。すると、自分もある程度ではあれ、必ずその気になるはずだ。自分の士気を無理やり鼓舞するのが出発点である。

世の中には明るい部分と暗い部分がある。自分の周囲を見回してみても、一方に日向《ひなた》があれば他方には陰がある。そのどちらに目を向けるかは自分の自由である。その目の向け方によって、自分自身の明暗も決まってくる。

いつもブツブツと不平ばかりいっている人は、すべての面で暗いところばかりを見ている。自分が嫌なところばかりが気になって、そこばかり見ている。したがって、**ちょっとでも嫌なところが目につくと、そこに全神経を集中する。その結果、自分の頭の中は嫌なことでいっぱいになり、それを表に発散しようとするので、不平ばかり鳴らすことになるのである。**

ちょうど蛇《へび》が嫌いで怖いという人が、山野に分け入ると、真っ先に蛇を見つけて大騒ぎをするのと同じである。実際には、蛇がいるのが目につくというよりも、一所懸命になって蛇を探している結果になっている。一方、蛇がいても少しも困らないし怖くもないという人は、山野の景色や雰囲気を楽しもうとしているので、たとえいたとしても気がつかないのである。

人は自分に関心や興味があることについては、探し出そうとして人一倍に努力するのでそれが見つかる確率が高くなるという構図になっている。したがって、**自分にとってマイナスになるものは、できるだけ遠ざけたり避けたりして、プラスになるものだけを集中的に探し求める人のほうが勝ちだ。**

### ◆老化は不満に表れる

不平不満の多い人は、人生に対する姿勢が消極的になっている。人生に背を向けているので、自分では意識していなくても、人生を捨てているにも等しい。人生に積極的な興味が抱けないのは、人生に飽きたのかもしれない。それは明らかに老化の道を辿っていることである。

世をすねてはいけない。それでは自分の一生をわざわざ悲劇に仕立て上げる結果になるのではないか。すねるのは、一種の意地の突っ張りであり、それはプラスよりもマイナスのほうを選ぶことである。人にも嫌がられるし、自分自身も嫌になるだけだ。

すねる人の心理は、人目を惹いたうえで、もしかしたら人が構ってくれるかもしれないという淡い期待を抱く点にある。それは一種の甘えでもある。人に構ってもらいたいと思ったら、そのように回りくどいことをしないで、その気持ちを直截《ちょくせつ》簡明に訴えたほうがいい。

ひねくれるのは、自分の感情をいびつな方法で操作しているので、百害あって一利なしである。狭いつきあいの輪の中で、マイナスイメージの異端者になる効果しかない。赤ん坊が周囲にいる大人の注目を惹こうとして泣くのに似たところがある。したがって、幼児性からの脱却がなされていないというよりも、さらにそれ以前の原始状態に近い赤ん坊の域も出ていないことを示している。

不平はただ鳴らすのではなく、知的水準の向上を図る契機にする。事実や感情を分析して、いいところと悪いところを見分けて評価する。そのうえで自分のために直接役立つ方向へと、自分の気持ちを引き上げていく必要がある。

# 上司の顔色ばかり見ている人

組織の中では、上司は部下に対して指示したり命令したりする。それは上司の権利である。それに対して部下は従って、いわれたことを遂行する。それは部下の義務である。そのような指揮命令系統に従うのがルールであって、そのお陰で組織が秩序を維持しながらスムーズに動いていく。

上司の権利には義務が伴う。自分の指揮命令を部下が守ってくれるようにする義務である。それも単に守ってくれるのではなく、快く守ってくれるようにしなくてはならない。そのような義務を常に意識して行動している上司が優れた上司であり、それができない上司は上司の資格がない上司である。名目は上司であるが、実質的には上司ではない。

**名実ともに上司といえる上司の下にいる部下には、指揮命令に従わなくてはならないという義務感はない。**常に自分が進んでしたいと思うことばかりしているからである。たとえ、難しかったり辛かったりする内容の仕事であっても、自分自身の目的へ向かっているのが明らかなので、まったく違和感や抵抗感がない。

上司と自分の目指している方向が同じであり、利害関係も一致している。普段から同じ目的意識を共有するために、常に心を打ち明けたコミュニケーションを図っているので、上と下として地位は異なっていても、「肝胆相照《かんたんあいて》らす同志」になっている。相対立する敵と味方ではなく、味方同士になっているのである。

だが、個人的な背景や立場が異なるので、考え方が一致しないことはある。そのようなときは、その点をうやむやにすることなく、議論を戦わせる。そこでは地位の上下は忘れて、遠慮なく論点を並べ立てる。それが結局は組織のためであり、自分たちの共通の利益であることを知っているからである。

その場を平和に丸く収めるだけのために、妥協して安易にすませようとする姿勢は取らない。付和雷同をして、後から泣くことになったり共通の利益が害されたりするのを避けるために、一時的に不和になることも恐れない。

細かく分析してみれば、二人の意見が寸分違《たが》わず直ちに一致することはありえない。ましてや、大勢の人の間にまったく異論がないというのは、どこかに間違ったところがある。「十人十色」といわれている。それぞれに顔も違えば、考え方も違う。細かいところまでも異論がないというのは、誰かが、否全員がうそをついていることにほかならない。

よく、満場一致で可決したなどというが、科学的に分析してみれば、それはありえない。有力者や権力者による「鶴の一声」に、ほかの人たち全員が従ったか、多数派がその勢力を見せて押し切ったかの、どちらかである。

したがって、その時点で隠されていた真実が後になって表れて、それが弊害となったりする。正確な意味においては、満場一致はありえないと考えて、そのときはもっと時間を掛けて議論をやり直したほうが安全だ。

**口でイエスといっていても、それが心からのイエスである確率は極めて低い。**イエスといわれても、すぐに安心したり満足したりしないで、今一度疑いの目で眺め直す。それが慎重な人のするべきことだ。

## ◆上司に「ノー」といえない人の行く末

上の人や多数派に対しては、ノーだと思っても、それをはっきりと表明できない人が多い。それは権力や勢力に対する屈服であって、自分の自主性の喪失以外の何物でもない。その結果が及ぶのが自分自身だけであれば、それは「自業自得」であるからいい。しかしながら、自分が上司であって、仕事の場に関してノーというべきときにノーといわなかったら、その結果が自分の部下にまで波及していく。

どんな場合でも、どんな人に対しても、ノーというよりはイエスといったほうが楽だ。相方の意向に沿った返事だから、その場がスムーズに収まる。それは、守りの姿勢であり、「保身」に走っていることにほかならない。目先の自分自身の安全だけを考えていたのでは、それによって自分の部下が不利益を被る危険性もある。

自分のいうイエスが、部下に無理なことを押し付ける結果になるのだ。相手のいっていることが世の道理に反しているときは、断固としてノーという勇気を持たなくてはならない。

**道理は正義であり、それを貫いたほうが、最後には勝利する。自分の上の人と話しているときは、その人にではなく、自分の下にいる人たちに目を向けながら判断していかなくてはならない。**

部下の利益と運命は自分の双肩に掛かっているという意識を失ったのでは、人の上に立つ資格はない。自分自身の目先の利益と安楽を考えて行動してはいけない。

# 時代の変化についていけない人

何かを依頼しようとして声を掛けても、よくも考えないでまずは断る人がいる。もちろん、その人にとって義務的ではないことであったら、必ずしも引き受ける必要はない。自分の生活や仕事のペースが変わってきたり乱されたりするのを恐れているので、新たなことに手を出したくないのである。

誰でも、現状維持が一応は最も楽である。これまでどおりに動いていれば、その結果がどうなるかについても大体の見当はつく。特別に余分の努力をしなくてもいい。時間やエネルギーの配分も変わらないので、リスクはない。

だが、リスクがないというのは、世の中の流れがこれまでと同じであるという前提のうえに立っている。政治や経済は常に大きく変わり続けている。グローバリゼーションの波が押し寄せてきているので、いつどのような変化に見舞われるかは予断を許さない。それに地球全体の自然環境も刻々と変わっていて、それも悪い方向に向かっている。

自分を取り巻いている情況や条件も、影響を受けていかざるをえない。個人の生活も有《う》為《い》転変《てんぺん》は免れない。これまでと同じことを続けていたら、環境に適応できなくなるリスクも大きくなる。そこで、変化に対しては自らも変化することによって、身の安全を図る必要がある。

今一度、「適者生存」という言葉を噛み締めて、その原理の重要性を銘記しておく。環境に最も適した者のみが生き残っていくことができるのであるから、環境が大きく変わるときには、特に環境を意識して意識的に自分が変わっていくようにする。

常にフレキシブルということを心掛ける。それは、止まっているよりも動いているほうが安全だと考えるからだ。だが、変わった動きをすることもリスクを冒すことだ。したがって逆説的な表現になるが、**「リスクを冒すのがリスクを避ける最良の方法である」**ということもできるだろう。

このように考えると、現状維持も長期的な観点からは必ずしも安全ではないことがわかる。したがって、**機会がある度に新しいことも試みてみたほうがいい。**それは、ちょうど自分の将来に対して保険を掛けるのにも似ている。面倒くさいとか自分のこれまでのペースが乱れてくるとかのマイナス要因は、「保険料」の支払いであると考える。

そのような観点に立てば、将来の変化というリスクをある程度ではあれカバーしているという安心感がある。その安心感を得るためだと考えれば、新しいことに挑戦してみる勇気も湧いてくるはずだ。

## ◆チャンスで「考える時間をください」という愚

ビジネスの場でも、新しい分野の仕事などの依頼であったら、必ずしも自分が引き受ける義務がない場合もある。だが、そこでためらったり拒否したりすると、少なくとも相手の期待を裏切ることになる。自分に白羽の矢を立ててくれた人は、何とか自分にできることだと考えたからである。それに応えようとしなかったら、相手の判断力に疑問を呈するにも等しい。

「ほかに私よりも適役の人がいるのではないですか」などといおうものなら、相手が自分を選んだのは間違っているといっているようなものだ。さらに、特定の人を名指しして「あの人のほうができると思いますが」などといったら、相手の選ぶ権利を否定したことにもなる。相手が上司であったら、越権行為であるとして非難されても仕方がないであろう。

相手が自分に期待しているのが明らかであるときは、できればその場で直ちに引き受ける。**「考える時間をください」などといって返事の引き延ばしを図るのは、単に自分が優柔不断であることを示して、相手の意欲を喪失させる結果にもなりかねない。**もっとも、その仕事の規模が極めて大きかったり、難度の高い事業であったり、またそれによって自分の生活が一変したりするような場合は例外であるが。

快諾すれば、相手も自分と息が合っていることを確認して喜ぶと同時に、自分に対する信頼の度合いもさらに高まってくる。**相手に勢いがあるときは、もちろん軽はずみであってはいけないが、その勢いに自分の波長も合わせて乗っていく。景気づけをするのだ。**

相手の勢いに怖《お》じ気《け》づいたり気後れしたりするのは、自分に自信がないからである。相手が自分に目をつけてくれたことは、自分を見込んでくれたことにほかならない。その点を考えれば、これを機会に自信の幅を広げていくことができるだろう。

**人が与えてくれた機会に乗じなかったら、相手は二度と声を掛けてくれることはない。**一つひとつの機会を大切にしてフルに利用することによって、自分の自信を積み重ねていかなかったら、もったいない。

◎3章の勘どころ

□取り巻きのお世辞に気づかない人にならないために、煙たい人を常に近くに置く。

□約束の軽さは人間の軽さである。小さな約束も必ず守る。

□大声は下品、小声は上品。

□家庭でも品格を守る努力が必要である。

□外面だけでなく、内面の「不潔」も必ず臭うと知る。

□会食時の振る舞い方、食べ方を見れば、勝手な人か、配慮のできる人かわかる。

□昔の話ばかりしていると、自分自身が過去の人になる。

□「人の名前と顔、会話の内容を忘れる人」になってはいけない。

□不満ばかりいう人はできるだけ遠ざける。

□リスクを冒すのがリスクを避ける最良の方法である。

4章

# その「保身」、さりげないつもりが見え見えです

## 人が困っているのを喜ぶ人

朝夕のラッシュアワーや行楽シーズンになると、道路はあちこちで混雑してくる。いったん渋滞に巻き込まれると、車も遅々たる歩みしかできなくなって、目的地へ早く着くという本来の便利のよさは失われてしまう。車族のフラストレーションが頂点に達するときである。

だが、大きく渋滞するのは、特に高速道路の場合、日時によって上り線か下り線のどちらかになるのが普通だ。そこで、自分の車はスイスイと走っているのに、反対車線は渋滞の限りを尽くしている情況を目にすることがある。そんなときは、「ああよかった」と思って、自分の幸運を喜ぶのが人の心の自然な動きである。

そのうえで、反対車線を移動している人たちの気持ちを想像して、「大変だなあ」と思う。相手の心を思いやってはいるものの、自分が相手と同じ立場に置かれていないことに対しては、ほっとした思いをしている。人間は誰でも、人よりは自分のほうが大切なのであるから、そのように考えたからといって、それだけで自分を責める必要はない。

だが、そんなときに、自分の幸運を心の中で本能的に喜ぶだけではなく、その対極にある人の不幸について喜ぶ気持ちを表したら、これは行き過ぎというほかない。すなわち、「対岸の火事」について自分が何ら救いの手を伸べることができなかったら、ただ同情の念を抱くほかない。だが、それに対して「高みの見物」と無関心を決め込むのは、不人情のそしりは免れないだろう。

さらに、人が困っている様子を見て、面白がって笑ったり手を叩いて喜んだりするに至っては、その人格を疑われても仕方がない。「人の不幸は蜜の味」になっている。人が不幸であっても、それだけで自分が幸せになることはない。だが、人と自分とを比較して人のほうが不幸なので、その分だけ自分が幸せになったと錯覚している。自分の心が狭いことを露呈しているので、結局は人に嫌われて不幸になってしまう。

もちろん、困っている人が、自分をひどい目に遭わせたり自分が恨みに思っていたりする人であったら、「いい気味だ」とか「ざまを見ろ」などという気持ちになるかもしれない。自分が直接に手を加えなくても、報復をしたのと同じ結果になるからである。その人の不幸を見て心密かに快哉《かいさい》を叫ぶのは、凡人である私たちによくあることではある。だが、その事実を人にいい触らして、自分の勝ち誇る気持ちを表に出すのは、はしたないというほかない。

**自分の度量の小ささを恥じて、怨讐《おんしゅう》を乗り越えて自分の考え方をワンランク上の方向に持っていくことを考えてみる。「清濁併せ呑む」心を涵養すべく、修行を積む心掛けになってみる。そのように考えただけで、恨みに思う気持ちも薄れたりなくなったりするはずだ。**

そもそも恨みの気持ちを持つだけで、自分の心が千々《ちぢ》に乱れて落ち着かない。その思いの対象となっている人の存在が心の中でふくらんでくるので、それだけ前向きに進んでいこうとする心の部分が弱くなってくる。心の中にマイナスの要素が多くなることは、自分が不幸になることにほかならない。

**恨みの気持ちを相手に打ち勝とうとする方向に向けるのは、いたずらに相手との軋轢《あつれき》を生じさせるだけである。それよりも、自分自身の心をコントロールして自分自身に打ち勝つように、自分の心を磨き上げていったほうがいい。**傷つけ合ったら、血を見ることになってお互いに不幸になるだけだ。自分の心を鎮めて、無血で解決を図ったほうが賢明ではないか。

## ◆こういう「前科」は一生消えない

さて、人の不幸が自然に起こったときに、それを見て喜ぶのは、まだ罪が軽い。人が困っている事態が目の前で起こったことは偶然であって、自分には何らの作意もなかったし積極的に作為を加えてもいない。奇禍を奇貨として、自分の心を慰めたり楽しませたりする種にしただけである。

一方で、**人を困らせるようなことを自分で故意にする人もいる。たとえば酒好きな人が翌日に血液検査や胃癌検診を控えているときに、わざと高級なワインを注文するような類いだ。**相手が飲めないのを尻目に自分はおいしそうに飲んで見せる。相手が明らかに嫌がることをして、自分が楽しむのである。相手が残念に思う気持ちと自分が楽しく思う気持ちとの落差が非常に大きいので、自分が喜ぶ度合いがこのうえないものになる。

相手の嫌がる気持ち自体も自分の喜びの材料の一つになっているのである。このような意地悪は質《たち》が悪いので、たとえ親友の間でふざけ合うときでもすべきではないだろう。その罪は重く、その前科が忘れられることはない。

## 自分より優れた人を敬遠する小さい人

ゴルフが上手な人である。まだゴルフが一部の人たちの間でしかなされていないころから、時どき父親に連れられてコースにも出てプレーしていたくらいだ。大学のゴルフ部としては草分け的な存在であったクラブに所属もしていた。だが、プロになるほどの傑出した腕前ではなかった。

とはいえ、ハンディキャップもシングルであったので、どこでプレーしても目立っていた。名門のゴルフ場の会員にもなっていて、それも腕前と同じように自慢の種になっていた。人が教えを乞うと、労を厭《いと》わず懇切丁寧に指導していた。

ある日、妹が友人と一緒にその男友だちを家に連れてきた。話をしているうちに、彼はアメリカの大学に留学をしていたが、そこでは勉強よりもゴルフに熱中していて、帰国して比較的早くにプロになっていたことがわかった。そこで、話題がゴルフに集中していくかと思いきや、逆に兄には話をほかのことに向けようとする気配が見られた。

アメリカの大学生活やゴルフの話題を極力避けようとするのである。そのうちに、ちょっと用事を思い出したからといって、その歓談の席を辞して自分の部屋に入っていってしまった。普段は何かの拍子にもゴルフに話題を転換しようとするのに、まったく異なった反応を示したのだ。

ゴルフではとても太刀打ちできないのが明らかであったからである。普段の自慢話をする余地はまったくないので、自分の出番はない。競ったとしても勝つ見込みはないので、負け犬のように尻尾《しっぽ》を巻いて逃げたのだ。

プロとアマとでは力量が異なるのは当たり前である。したがって、そこで恥じる必要はない。逆に、いろいろと質問をして、自分の腕を上げるために役立つ情報を仕入れるチャンスである。だが、得意の鼻を折られたと思ったので逃げたのだ。

## ◆他に何もないから自慢する

**そもそも自慢をする人は、ほかの点においては能がなかったり自信がなかったりするので、ちょっとでも得意なことがあったら、それを強調して人に誇示しようとする。いわば劣等感の裏返しにほかならない。どんなことにでも挑戦していく気迫を欠いているし、ど**

**こからでも掛かってこい、という勇気や自信もない。非常に弱い人なのである。**

したがって、自分より優れた人に対しては、自分の負けは決まっているので、敬遠しようとする。そこから学ぼうとはしないので、それ以上に向上することは望めない。自分で自分が進歩していく道を塞いでいる。自分を敬遠している人を追い掛けていけばいくほど嫌われるのがわかっていても追い掛けていこうとする物好きはいない。

そのようにして、自分の世界は狭まっていくばかりだ。自分よりも劣っていたり弱かったりする者のみを自分の周囲に集めて、その小さな世界の中で威張っている。「お山の大将」なのである。外の世界に出て行ったとしたら、単なる「一兵卒」でしかない。広い世間では通用しない人になっていく。

自分より優れた人がいたら、賛美して自分も同じようになりたいと思うのが、素直な人の考え方である。できれば教えを乞うと同時に、自分でも自主的に見習っていこうとする。目の前に現れてきた手本となる人を無視したり敬遠したりするのは、非常にもったいない対応の仕方である。

自分が一番になりたいという気持ち自体は極めて貴重である。だが、明らかに自分より優れた人が現れたときにそこから逃げれば、自分の能力をそのままに留め置いて、何とか自分が一番になれる世界を探すことである。そこで最も安易な方法は、自分の周りに自分より劣る者ばかり集めることだ。

「勇将の下《もと》に弱卒なし」といわれているが、それは「弱将の下は弱卒ばかり」ということでもある。弱い大将には勇気がないので、部下も弱い兵ばかりになる。さらに、その弱い兵も大将があまりにも弱いので、そのうちに愛想を尽かして離れていくようになる。弱将には自分たちを守ってくれる勇気や力のないことが明らかになるからである。そうなると先細りになる一方だ。

気がついてみると、自分の周囲には誰もいなくなってしまった、という結果にもなりかねない。どんな人でも一人になれば、そこでは間違いなく一番である。だが、その一番は同時に「どんじり」でもある。独りで大将であるといって、得意になり威張っているだけだ。**「お山の大将俺一人」であると同時に、「お山の兵卒俺一人」という状態になっている。**

そうなると、自分が人を敬遠しなくても、皆から敬遠される結果になり、ますます寂しさをかこつ人になってしまう。自分から世間を狭くしていった当然の報いである。

# 人をあえて褒めない人

仕事の場であろうと日常的なつきあいの場であろうと、人を褒めたのを見たことがない人がいる。**その人を注意深く観察してみると、勝ち気な人が多いことに気がつく。**人に優れた能力があったり立派なことをした実績があったりしても、それには何らの反応を示さないようにしている。

**ほかの人たちは、話題にしたり口々に賞賛したりしているにもかかわらず、自分はそれにも気付かないかのごとくに無関心を装う。**人の美点や功績を認めたくない。ましてや、それを褒めることなどはしたくない。そのようなことをしたら、その人が自分よりも優れていることを認めることになるからである。

人に負けまいとする気力は是とすべきであるが、その気力をエスカレートさせて、人の能力や功績さえも否定しようとするのは、バランスを欠いている。**非常に自分勝手で利己的な行為であり、自分の器が小さいことを露呈する結果になっている。**

人には得手と不得手がある。まず、自分がすべての点において抜きんでることは不可能だ。したがって、自分ができないことや劣っていることがあるのは当然である。それを恥じる必要もなければ、劣等感の種にするべきでもない。

自分の能力を利用し伸ばして、そこで自分のベストを尽くしていれば、胸を張って皆と肩を並べていくことができる。神ならぬ身であり平凡な人間の一人であるから、万能であることは不可能であると悟っていれば、つまらぬ意地を張る必要はない。自分は自分であり人は人であることを認めれば、心は平静になる。

そうなると、褒めるべきときには素直に褒めることができるようになる。褒め方も通り一遍では芸がない。「すごいですね」とか「立派ですね」とかの抽象的な褒め方であったら、心が籠もっていない。単なる外交辞令的ないい方であったら、お世辞をいった程度にしか受け取られないかもしれない。

やはり、自分が感心した点を具体的に指摘すれば、相手も心から褒められたという実感が湧くだろう。同じ褒め言葉でも、相手の心に染み入るような表現にする。また、自分も同じようなことをしているようなときには、その点を述べたうえで、「とても私には真似ができません」などという。これも自分の実感を述べている響きが伝わるので、相手も喜びを感じるはずである。

そのように印象的な褒め言葉の場合は、いった人は覚えていなくても、褒められたほうの人は嬉しく思ったので、よく覚えているものだ。そのうえに、褒めてくれた人に対して好感を抱き、その印象がいつまでも脳裏に残る。

そこで、かなり日時が経ってから、あのときに褒められたのがこのうえなく嬉しかったことを、褒めた当人に伝えて感謝の念を表明する場合もある。このようにしてちょっと褒めた一言が、相手の励みにもなったことを知れば気分は上々となる。また同じように事実に密着した褒め言葉を心掛けることになる。**的確に表現された言葉一つが、次々と連鎖反応を起こして良循環の流れができていくのである。**

◆褒めると負けた気になる人の限界

また、一般的な標準に照らし合わせると、**目の前にいる人が褒められる資格があるにもかかわらず、完全に無視して、その人よりも優れた人の話に切り換えていこうとする人がいる。**たとえば、外国語が堪能なことを話題にしているようなときだ。目の前にいる人が二ヵ国語をしゃべるといって、ほかの人が褒めている。だが、その人については何もいわないで、自分の友人に三ヵ国語のできる人がいるといったり、七ヵ国がしゃべれるという評判の有名人を話題にしたりする類いだ。

自分が相対している人よりも、もっとできる人がいるということによって、前者の優秀性を否定したり、そのグレードを下げたりしようとしている。誰でもよりよくできる人と比較されたら、劣って見える。立派な実績もより立派な実績と比べたら、多少ではあれ色あせて見える。

「比較戦法」であり「相対的戦術」である。どんなことやものでも、上を見れば切りがないし、下を見れば切りがない。上には上があり下には下がある。だが、日常の会話の中でそれをいったのでは、話にならない。目の前にあるものについて、優れているカテゴリーに入ると思ったら、優れていることを認めるのが常識である。

人のプラス面について話をしているときは、そこだけに焦点を合わせる。そこで、比較をしてとやかくいったのでは、心理的な軋轢を生じさせる原因になるだけだ。相手に素直でない人であるという印象を植えつけて、結局は自分が嫌がられることになる。

# やさしいのに恨みつらみをいう人

コンサルタント業に長く携わっていると、顧客先の中にいる人に羨ましがられることがある。自分は朝から夕方まで縛られてこき使われているのに対して、私は時どき好きなときにやってきて、好きなことをいっているので、「いいご身分だ」というのである。

もちろん、時間的に束縛される度合いは、その組織の中にいる人たちに比べると、格段に低い。だが、組織の仕事の流れに自分の仕事の流れを合わせなくてはならない。そのために自分の時間をやり繰りして、ほかの仕事との調整もする必要がある。それに、その組織にいる時間は短いかもしれないが、それまでに調査をしたり勉強したりして準備をする時間は決して短くない。

いわば、仕事の内容については密度はかなり高いのである。仕事の質のグレードアップを図るために、特に陰で絶え間ない努力を続けている。ちょうど水鳥が苦労しないで水の上をスイスイと泳いでいるように見えても、水中での足は休むことなく水を掻《か》いているようなものだ。人の目には何もしていないように見えても、見えないところでは必死の思いで動いているのである。

また、好きなことをいっているように見えるのも確かだ。組織の中にいる人には一定の日常業務があるので、同じような仕事を繰り返している。組織の細かい規則も熟知しているので、それに沿って働いている。そこであまり「自分勝手な」真似は自然にできなくなっている。一方、外部のコンサルタントの視点は外からのものだ。そこで、発想が自由な分だけ好きなことをいっている結果になる。だが、その視点の違いに、外部の人の意見や見方をいってもらったり仕事をしてもらったりする価値がある。

外部のコンサルタントとしては、内部の人に羨ましがられているうちはいい。時には恨みつらみをぶつけられることもある。そうなると、そのことが頭から離れないので、嫌な気分になる。

業務の依頼をしてくれるのは、大概組織のトップないしはそれに近い人である。したがって、私も新前であったころは、その人に告げ口をしたいと思ったこともある。

ある組織で国際関連業務の依頼を受けて、嬉々として仕事をし始めたころの話だ。事務所の中に入っていくと、その入口の横のあたりで何人かの人たちが立ち話をしていた。こんにちはと挨拶をした後、エレベーターの前に立った私の耳に、その中の一人の人の声が入ってきた。「彼のところに金が行くので、その分だけ私たちには回ってくるのが少なくなっている」と、私のほうを見ながら聞こえよがしにいったのである。

それは今から四十年以上も前のことであるが、そのときの彼の顔と声、それにその文句と口調は、今でもありありと目に浮かび耳に鳴り響いてくる。

そのころ支払ってもらっていたコンサルタント料はそのように恨まれるほどの金額ではなかった。だが、海外出張のときは航空機はファーストクラスで、泊るのも一流ホテルだった。仕事の内容の重要性を考慮してのことであったが、彼はそのような経費の使い方を問題にしたのかもしれない。

その組織では仕事の中身は変わってきたが、いまだに契約をしてもらっている。聞こえよがしに恨みをぶつけた件の人は、仕事も比較的よくできる人であった。部下たちの評判はよかったが、その理由は「やさしい」という点にあった。

確かに、彼が怒ったのを見た人は一人もいないようであったし、人当たりは柔らかであった。だが、私の頭の中には、恨みがましい言葉を吐いた彼の記憶が残っている。私はただ一所懸命に自分の役目を果たすために、文字どおり東奔西走していただけだ。

### ◆やさしいのか気が弱いのか

自分の実入りが少ないからといって、その不満足な気持ちを直接には関係のない私にぶつけるのは、八つ当たりというほかかない。そのような不満は、自分の上司なりトップなりに訴えるべきである。多分そのような勇気はなかったのであろう。上の人に対しても「やさしい」人だったのである。

**怒ったことがなかったのは、人に対してやさしかったり親切であったりしたからではなく、単に気が弱いからだったのであろう。**だから、欲求不満を第三者に対する恨みつらみに転換していったのであろうと思われる。

彼の恨みの気持ちが私に向けられたことに対しては、その時点では反感を抱いていた。だが、その気持ちも時の経過とともに、少しずつ昇華させていった。上から目線の考え方である嫌いはあるが、「かわいそうな人」であると見るように変わっていったのである。

だが、私自身がいまだに彼の発言を覚えているのは、自分の器が小さい証拠であると考えて自戒している。せめて反面教師として、自分の向上に役立てているところだ。

# 冗談の腰を平気で折る人

十人十色といわれているように、人はそれぞれに皆異なっている。十人を一億人にしても同じで、億人億色である。瓜二つといっても、細かく分析的に見ていけば、同じようなところでもかなりの程度に違う。人の性格についても同じで、同じような性質であると思っていても、どこかが異なっている。

そこが人生の面白いところである。人によって好きになったり嫌いになったりするのも、顔や性格などの違いがあればこそだ。そこで人間関係の複雑な絡み合いが生じて、人生に飽きがこない理由の一つになっている。また、同じ人であっても、その時と場合とによって気分が変わってくる。そこで、人間関係がスムーズにいっていたと思っても、突如として対応の仕方がいつもと違ってくるので、とまどいを隠せない事態が生じる。

そのようにさまざまな要素が絡み合い、さらにそれぞれの要素がその時どきに強くなったり弱くなったりする。したがって、人間関係の達人になろうと思ったら、常に神経を過敏に働かせておく必要がある。相対する人の性格とその時点における気分を的確に判断して、それにふさわしい対応をしていく。

その際には、相手の気分に迎合してもいけないし、自分の主張を通そうと思うあまりに闘争的になってもいけない。相手の気分と自分の気分を平和的に融合させていこうとするアプローチを忘れてはならない。両者の気分がマッチする道筋や分野を探し出して、自分の気分をその方向へと誘導していく努力をする。それができる人が人づきあいの上手な人である。

一つひとつの出会いや接触の機会を大切にして、そこでできるだけ心地よく平和な時間を一緒に楽しもうとする。常にそのように心掛けている人は、皆から好かれて仲間の輪を広げていく結果になる。その人が足を踏み入れて行くところ行くところで、自分の味方を増やしていく。

逆に、人の気分には無関心で、いつも自分の思いどおりに動いている人がいる。人と一緒にいるところでも、「我が道を行く」人である。よくいえば個性的な人であるが、人間関係の観点から見れば、単に利己的な人でしかない。当然のことであるが、人を味方に入れるよりも、人を敵に回すことになる確率のほうが高い。人に煙たがられたり敬遠されたり、さらには嫌がられたりすることになる。

**自分の尊厳を失わない程度において、自分の気分を抑えて相手の気分を尊重する。いわゆる気難しい人は、そのようにバランスの取れた対応の仕方ができない。**相手が陽気だったら、自分が陰気であっても、できるだけ陽気にする。相手が陰気だったら、自分が陽気であっても、ちょっと抑え気味にして真面目なムードを演出する。

人が冗談をいったときに、面白くも何ともないという姿勢を見せたのでは、身も蓋もない。相手としては沈滞した雰囲気を活性化しようとして、笑いを持ち込もうと思ったのかもしれない。そうであったら、その相手の努力に応えた反応を示すのが、相手と仲よくしようというメッセージの表し方である。笑うなりして、その場におけるプラスの方向性に対して賛同の意を表するのだ。

だが、相手としては、単に自分勝手にふざけ散らしたのかもしれない。たとえそうであっても、完全無視は相手の人格を否定する仕打ちであると解釈される危険性がある。相手の冗談は受け入れられないと思っても、苦笑いくらいはするのだ。苦笑いは便利な反応の仕方である。心の中では苦々しく思っても、全面的な否定はしないで、せめて何かを努力したことくらいは評価しようとする意を表している。平和的に相手の発言を否定する表現方法であるといってもいい。

### ◆ジョークに正論をかぶせていい気になる人

また、**相手の冗談に対して、生真面目な反応を示して、そこで正論を吐く人もいる。**真面目の上に「生」がつくと、真面目の度が過ぎて「冷たい」感じを与える。冷徹というのは、冷静になって真実を見通そうとする鋭さを感じさせる。もちろん、人間社会の向上にとっては必要不可欠な要素である。だが、人間関係の「現場」で発揮すると角が立つので、マイナス要因となる場合が多い。

生真面目さはオブラートに包んで、外交的に振る舞っていくのが、和やかな人間関係の場を創出するコツである。論理がなくては方向性についてのコンセンサスが得られないが、人間社会の日々の生活の中では、ほかの人たちの気持ちを斟酌《しんしゃく》していく「情」の要素を持ち込んでいかなくてはならない。

つい生真面目に対応しそうになったと思ったら、自分がこれからしようと思っている言動の中に情の要素も入れているかどうかを、ちょっと考えてチェックしてみる。それが自分の味方を増やしていく心構えだ。

## 小さな悪を許すのが「器」と思っている人

世の中はよくなってきているか、それとも悪くなってきているか。後者であるという人のほうが多いのは間違いないであろう。いつの時代の人も、そのように思っていたようである。さらに、現在の世の流れを見ていても、よくなっていく気配はないようだ。となると、人間社会は盛りを過ぎて下り坂を歩んでいるのではないかと、悲観的な考え方をするのももっともだという気にもなる。

新聞やテレビを始めとするメディアの報道に接しても、悪いニュースが多すぎる。明るい内容が報じられることは滅多にない。たまに小さな朗報が大きく取り扱われることがある程度だ。一大朗報などというものは、絶滅種になってしまったかの感がある。

それはなぜか。悪に対する姿勢が厳しくないのが、最も大きな理由ではないか。小さな悪に対しては、寛容の精神が蔓延している。**特に小さな過失に対しては、まったく咎《とが》め立てをしない風潮が強い。**結果が悪くなるとは思わなかったとか、悪意があったわけではないからとかいって、簡単に許してしまう。

過失であろうと故意であろうと、その意図には関係がない。悪い結果を招来したことに対しては、責任を負わせる。反省させて謝罪させたうえに、きちんと償いをさせる、といった一連の作業をやらせないので、懲りない。悪いことをしても、それによって自分が痛手を受けることがなかったら、二度とやるまいと心に誓うこともない。

悪いことをしても、それは過去のことであって、それよりもこれからどうするかに重点を置くべきだとする考え方が強い。**未来志向はいいのだが、過去をきちんと清算するのが先だ。そのようにして初めて、将来に向けての「きれいな一歩」を踏み出すことができる。**

## ◆小さいうちに根絶する

メディアを賑わせる不祥事が起こったときでも、そこで生じた損害について、弁償、賠償、埋め合わせ、罪滅ぼしなどの言葉が前面に出てくることはない。トップが「私に責任がある」などといって大見得を切った場合でも、頭を下げて謝罪をして見せる程度でしかない。

償いをして見せるときでも、せいぜい何ヵ月かの減俸を宣言するだけだ。元々高い報酬をもらっているので、計算をしてみればわかるが大した金額ではない。もちろん、それでも損をした感覚は味わうであろうが、「かすり傷」くらいでしかない。その減俸の金額のために、奥さんが髪を振り乱して走り回ったり長い期間にわたって青息吐息の状態になったりする程度でないと、償いをする効果があったとはいえない。

いずれにしても、悪に対しては厳しい態度を示して、その絶滅を図る手段を講じる必要がある。そのためには、**まず悪は小さいうちに根絶をする。「根絶やし」を目指して容赦しない姿勢を崩してはならない。**

ちょっと油断したら、悪は善に打ち勝つのが、残念ながら世の常である。悪は放置すると徐々に力を得て、のさばりはびこる。そのうちに「巨悪」にまで成長してしまったら、それは一大権力となる。元々は不法にではあったのだが、市民権を得たかのように振る舞うようになるのだ。

その例は、特に政治や経済の重要な表舞台のあちこちに見られる。「力は正義なり」とばかりに、悪が堂々と強行されている。それに対しては、いたたまれない思いを抱き、自分たちの力不足を嘆きながら耐えているのが、私たちを取り囲んでいる現実である。

仕事の場であれ個人的な生活の場であれ、悪いことを目にしたら、相手が誰であれ、その悪を指摘して叱責したり諫《いさ》めたりする勇気を持たなくてはならない。それが悪を小さいうちになくすることに対して、私たちができることではないだろうか。

そのようにしたら、相手は出過ぎた干渉であるといったり反抗的な反応を示したりするかもしれない。したがって、相手が多少ではあれ「自分の勢力下」にある人に限るのが現実的であろう。すなわち、自分の家族とか部下、それに親友とか話のわかる知人や同僚とかになるかもしれない。

街中で悪いことをする人は大勢いるが、その人たちは平気で悪いことをする人であるから、すでに危険人物であることは明白である。したがって、「自衛」のためには一々咎め立てをしないほうが安全だ。そこで相手は身近な人に限ることになる。もちろん、咎めたり叱責したりする人には、恨まれたり煙たがられたりするかもしれない。

だが、そのような行為を時と場合を考えてタイミングよくすれば、最後には正義を貫く人として評価される結果になるはずだ。もしそうならなかったら、文字どおり「世も末」である。そこまで希望を捨てて考える必要はないことを望むが。

# 「手柄は俺のもの、責任はお前のもの」という人

「天は人の上に人を造らず人の下に人を造らず」は、福沢諭吉の書いた『学問のすゝめ』にある言葉である。人間は生まれたときから皆平等であって、身分の上下や貧富の差、それに家柄や職業の違いなどによって差別をされるべきではないというのだ。

人口に膾炙《かいしゃ》されていると、言葉はとかく上滑りになって本来の深い意味が理解されなくなる傾向がある。多くの人は念仏のように唱えているだけであって、その内容が実践されていなくても、あまり気にしないようになる。現実の世界では、世襲によって社会的な地位や仕事や財産などという有形ならびに無形のものが、子々孫々に受け継がれていっている。すなわち、多くの場合に「人の上に人を造り人の下に人を造る」結果になっているのである。

実際には、福沢諭吉もその『福翁自伝』の中で、「門閥制度は親のかたきでござる」といっている。家の貴賤についての格付けを非難しているのであるが、それは二十一世紀に

なった現在でも、私たちの周囲のあちこちで目に見て耳に聞き、そして身をもって感じている現実である。人間社会はいまだに旧態依然たるままで、それほどには進歩していない。嘆かわしいというほかなく、これが「浮き世の定め」といって諦めるほかないのであろうか。

とにかく、そうした現実の中では、革命ができない以上は、自分にできる限りのことをして、まず自分自身の向上を図るほかない。上を目指して努力すれば、人の上に立つことになる。それが少しでもできたときに重要なことは、上になればなるほど責任が重くなる点を銘記することだ。

**偉くなったら権力が増大すると考える人は多いが、それは間違っている。確かに力を手にするが、それ以上に多くの義務が生じる。**自分の下にいる人たちの面倒を見て、その幸せを確保する義務と、それに付随したりそこから派生したりする義務である。それを自覚して実行するのが上の人の義務であり、それができなかったら「人の上に立つ人」失格である。

**上司失格の典型は、手柄は独り占めしようとするが責任は部下に転嫁しようとする人だ。**

自分の実績のすべては、部下の努力と貢献のたまものである。たとえ自分の判断や指揮、それに管理がよかったとしても、部下がそれに従ってくれなかったら、いい結果にはならない。部下がいるからこそ自分が上司であるという事実を忘れてはならない。

部下を褒め讃えて部下の手柄にすれば、部下は努力が報いられたと思って喜ぶ。それはさらに次なる仕事への意欲を高める。部下の手柄は上司の手柄である。したがって、自分より上にいる人たちの自分に対する信任も、さらに厚くなる。いいことずくめになるのである。

### ◆部下がいちばんいい仕事をする任せ方

部下の仕事に対する意欲を刺激し増大させるためには、できるだけ「任せる」という姿勢を堅持する。日常業務的なものに関しては、任せっ切りにするくらいでなくてはいけない。とはいっても、**部下が熟知している仕事について、情報をもらったり教わったりするようにしてみる。**それは、ちょっと語弊があるかもしれないが、一種の抜き取り検査である。**「慣れるとだれる」**のだ。気持ちが緩むと間違いが起こる危険性があるので、それを防ぐためである。

また、新規事業などについても、最初からできるだけ任せて口出しはしない。誰でも任せられると張り切って全力投球をするものだ。進捗状況を報告させるようにしておくだけでいい。ただそこで**極めて重要度の高いものについてだけ、自分に「拒否権」があるというくらいの姿勢に徹する。**もちろん、部下から相談を受けたときは、乗り出していってリーダーシップを発揮しなくてはならない。

世に隆盛を誇っている企業も多いが、上司に部下の仕事の面や人格の面における向上についての責任を負わせているところは少ない。いたずらに競争をさせて企業自体の利益を上げさせようとしている。社員の能力と人柄に主眼を置いていない組織は、人間社会の観点からは三流であると断じていいだろう。

そのような点も考えれば、部下の仕事や人格について、上司は「全面的に」責任を取らなくてはならない。それが皆から慕われる上司の条件である。**部下が失敗をしたり悪いことをしたりするのは、上司のどこかに至らないところがあったからである。**

仕事だけに関しても、指示が不十分であったり、指示の仕方が間違っていたりしたかもしれない。部下の得手や不得手を十分に把握していなかったかもしれない。そこで人選を間違ったかもしれない。自分の普段からの指導や教育が不足していたのは確かだ。

## 情報を勝手に操作する人

「来月には社長がヨーロッパ視察に出掛ける」という。ほかの人はまだ誰も知らないうちにそういうので、皆はなぜかといぶかる。そのようなことが何回か起こると、彼は情報通であるという評判になる。と同時に、直接または間接に上層部とパイプがつながっているに違いない、と人々に思われる。

そこが彼の付け目なのである。**まだ人が知らない情報を持っていることを示して、自分の力を誇示しようとしている。**まさに「情報は力なり」である。昔は「持つ者」と「持たざる者」というとき、それは金を始めとする物的資産の多寡についてであった。経済的格差を問題にしていたのだ。

だが、最近の情報化社会にあっては、情報や知識をどのくらい有しているかによって、強者と弱者が決まってくる部分が多くなってきた。いわゆる情報格差の問題である。それは同じ組織の中や個人的なつきあいの中においても、まったく変わるところはない。

本来は情報を公平に与えなくてはならない人たちに対して、自分勝手に操作することによって差別をする。人によって与えたり与えなかったりするとか、与える時期を早くしたり遅くしたりするとか、さらには与える量を多くしたり少なくしたりするとかする。

相手によって手加減をすることによって、情報を操ると見せて、人の心まで自分の意のままに操ろうとする。自分がひいきにしている人に対しては、好意的にしてその人の心を引き寄せようとする。一方で気に入らない人に対しては、情報量を故意に制限して蚊帳《かや》の外に置くことによって、寄せつけないようにする。ずるい手段であるし、陰険で意地悪としかいいようのない仕打ちである。

誰にも人の好き嫌いはある。だが、公平につきあうべきグループの中にあっては、情報の伝達の公平を図ることによって、皆の心の一致団結を目指す。そうしなかったら、一部の人たちを味方にすることができても、それ以外の人たちを敵に回すことになる。また、味方になったと思う人も、その小さく固まろうとする考え方に嫌気がさして、徐々に離れていくようになる。

そもそも特定の人を味方につけようとするのは、徒党を組もうとすることにほかならない。意識はしていなくても、自分を中心とする権力中枢グループをつくり上げようとしている。そのようなグループの中にあっては、ちょっとした小さな動きでも、それを皆と同時に知らなかったときは、疑心暗鬼に陥る。そうなるとグループの結束は崩れてしまうのである。

その徒党を崩すまいと思ったら、「恐怖政治」的なシステムをつくらなくてはならない。それに反抗しようとする者は、村八分になって追い出されるだけであればいいが、リンチを加えられる羽目になる場合さえ生じる。公平な情報伝達をしなかったことから生じた忌むべき帰結で、陰惨の極みである。

## ◆情報の扱い方で人望は決まる

情報公開をきちんと公正かつ公平にしなかったために生じた弊害の例は枚挙にいとまがない。その最たるものは、あのいまわしい太平洋戦争中の、今となっては悪名高き「大本営発表」である。帝国陸海軍の戦績について、勝利に関するニュースは誇張して発表した。一方、受けた被害や敗走などについては、隠したり事実を曲げて報道したりした。

それが敗戦になってわかったとき、国家の信用と権威は失墜した。当時「少国民」であった私たち世代にとっては、国家に対する信頼は永遠に失われたのである。最近でも、国家的組織による事実の隠蔽や虚偽の発表などが頻繁に行われている。それらは私たちの考え方を裏付けると同時に、確固たる信念にまで高めている。

大企業による粉飾決算を始めとする数々の刑事事件も、自分たちの都合のいい方向へ向かっての、不正な情報操作の結果である。企業には品格がないことの証左であり、人々の疑惑の目が鋭くなるのを助長している。もちろん、それらの組織の中にいる人たちに対して、人々は信頼のシの字も寄せることはない。その品性のなさを浮き彫りにして、軽蔑される結果になっている。

人はすべて情報を開示すべきときは、すべからく正確に開示する。日本国憲法第三八条には「何人も、自己に不利益な供述を強要されない」とあるが、これは刑事被告人の黙秘権に関するものだ。強要されようがされまいが、たとえ自分にとって都合の悪い情報であっても、開示するのが、道徳的な人間としての踏み行うべき道である。

そうすれば、それによって不都合を被る人には煙たがられるかもしれない。だが、良心に従って行動する、まともな人たちには歓迎される。情報一つを正しく扱うことで、徳が身につき、人に慕われる人になれるのである。

# 期待を裏切る残念な人

ある女性の従弟が自動車の販売会社で部長をしていて、会う機会がある度に、自分のところの車を買ってくれといっていた。彼女としては別のメーカーの車に以前から乗っていて、そのほうが好きな旨をいって、曖昧な返事に終始していた。

ところが、ある日ちょっとした接触事故を起こして、愛車に傷がついてしまった。それを機に、新車に買い替える気になった。普段から執拗にセールスを仕掛けていた従弟のことを思い、同じ買うのであったら、この際彼から買って喜ばせてやったほうがいいと思った。それに、当然のことながら割り引きをしてくれたり何らかのサービスをしてくれたりするだろうという期待もあった。

もちろん、従弟は車種の選択をするときなどには、親切にしてくれた。詳細な説明や助言をしてくれたので、細かいところについても十分に理解・納得できた。一般的に商品やサービスを買うときは、セールスをする人がセールストークをして客を丸め込むのではないかという危惧もある。特に高額商品の場合は、慎重に構えておかないと、してやられて後からほぞを噛む場合も少なくない。

その点においては、従弟であるから全面的に信頼することができたので、まったく心配をする必要もなかった。大きな買い物に付き物の精神的不安感を抱かなくてもすんだので、彼を通して買ってよかったと満足していた。

ところが、代金を支払う段になって請求書を見たら、パンフレットどおりの金額になっていたので驚いた。少しくらいは安くなると思っていた点を彼にいったのだが、それに対する返事を聞いて、彼女はまた驚いた。

「車の販売会社の部長としてセールスの担当になったのであって、従弟としてではない」といったのだ。賢明な彼女は、そこで論争をすることもできたのであるが、あきれ果てて口を利く気にもならなかったという。相手に対して勝手に期待した自分が悪かったのであると悟って、諦めたのである。

販売会社の部長としてアプローチをしてきたのであれば、まずは会いもしないであろうし、セールストークに対して耳も傾けなかったであろう。自分の従弟であるから、相手になったのである。結局は、従弟の仮面を被ったセールスマンのセールストークに耳を傾けたばかりに、してやられてしまったのである。

多少は安くなるだろうという期待をしたのであったら、ビジネスライクにそれを口に出していってみるべきであった。先方はビジネスであると割り切って考えていたのに対して、自分は親戚同士として、そこに「情実」の絡みがあるだろうと勝手に思っていた。独り相撲を取っていたのである。

もちろん、彼女はそれ以後二度と彼を信用することはなかった。冠婚葬祭の場で会うときは、従弟と従姉としての挨拶をし会話を交わすことはあったが、彼の職業について話をすることはなかった。

彼は、一時的なビジネスの利を狙ったばかりに、一人の従姉の心とのふれあいの機会を永遠に失ってしまった。自分が働いている企業の小さな「利」を優先したばかりに、自分と血のつながりがある人との深い「縁」が切れてしまう結果になった。

ビジネスの利の面から見ても、従姉に代金その他について大サービスをしておけば、自分ならびに自分の会社の味方になっていてくれたはずだ。次の買い替えのときも、自社の車を買ってくれたであろうし、友人や知人に好意的に宣伝もしてくれた可能性は高い。

ビジネスの利益の点から考えても、一時的な利益を重視すれば、どうしても自分のほうに大きく利益を取り込む姿勢になる。それよりも、顧客との人間関係を重視して、その場の利益についても顧客と分け合ったり、より多くの利益を顧客に与えたりするような配慮をしてみる。長期的な観点に立てば、そのほうが自分の利も大きくなる。

**◆低レベルな「ビジネスライク」が招く結果**

ビジネスの隆盛には、一時的な利益中心主義よりも長期的な顧客関係中心主義のほうが効果的である。**ビジネスをビジネスライクに割り切って考えた行動に出るのは、多くの場合にビジネスが狙っている持続可能性への道にはつながっていかない。**

ビジネスが最終的に目指している目的は、人々の幸せである。目の前にいる一人の顧客の幸せに反してはいけないし、その期待を裏切ってはならない。あらゆる面で人々の期待を汲み取り、それに応えるように努力しなくてはならない。

たとえ小さなことについてであっても人の期待を裏切ったら、二度と信用してはもらえない。それは永続を望むビジネスにとっては致命的だ。**低次元におけるビジネスライクな行動は、人々の「情」に対する配慮を欠いているので、人々に疎まれる結果になる。**

# エコよりもエゴを尊重する人

ゴミを捨てるのは悪いことだ、というのは誰でも知っている。だが、知っているのと実行するのとは、まったく別のことだ。多くの人たちが行き来する道のあちこちにもゴミは落ちている。ポイ捨てをする現場に遭遇した経験の何回かは誰にもあるはずだ。

それを咎める勇気のある人もまずはいない。誰でも知っている悪いことを平気でする人は、自らがルールを守らない「ならず者」であることを公言しているにも等しい。そのような危険人物と係わり合いになったら、どんな危害を加えられるかもわからない。皆「君子危うきに近寄らず」を決め込んでいるし、それが市井《しせい》の一員としては安全な行動様式でもある。

小さなゴミの中で多いのは、タバコの吸いがらである。私の住んでいる都心の区では路上の喫煙も禁じられているが、歩きながら吸っている人が絶えることはない。まさに「煙たい人」の最たる人である。その吸いがらを隠れてではなく堂々とポイ捨てするのであるから、怒りを通り越してあきれ返るほかない。

家庭や企業、それに各種の施設などから排出されるゴミの量は膨大であるうえに、さらに増え続けている。このままにしておいたら、地球上がゴミだらけになってしまう。ゴミを捨てないようにするのは、私たち一人ひとりの義務であり使命である。

そのためにはゴミをつくらないようにしなくてはならない。ゴミは自分にとって不必要になったものだ。使っていたが役に立たなくなったものだとか、完全に消費できなくて残ったものなどである。そのようなものをできるだけ少なくする努力をしなくてはならない。

現在は自分たちの周囲にものが溢れている。そこで心を引き締めておかないと、つい自分の物欲に釣られて、次々とものを手に入れようとする。その前に熟慮して、それらが自分にとって本当に必要不可欠なものかどうかを綿密にチェックする必要がある。まずは「買わない」ことを基本的な方針にしておくと、効果的であろう。

具体的には、買い込むとか頻繁に買い替えるとかを自制する。たとえ一応は必要だと思っても、買ったらゴミを増やして捨てることにならないかと再考してみる。「完全消費」をする自信がなかったら、買わないことだ。

自分の欲に従っていたら、地球環境を破壊する結果になる可能性があることを常に肝に銘じておく。エゴを優先していたら、地球の生態環境すなわちエコロジーの悪化につながっていくのだ。

その点に関しては、企業側にも努力してもらわなくてはならない。消費者の生活を便利にしたり豊かにしたりするという名目の下に、企業は次々と商品やサービスを市場に提供している。だが、自分たちの利益を上げることを目指したものが多いように思われてならない。

さらに便利なものとか機能が優れているものとかをつくることによって、これまでのものを「廃《すた》れさせる」。そこで不用となったものや古くなったものはゴミと化す。だが実際には、それらは十分に使用に耐えるものがほとんどである。

また、耐久性がある商品を製造する技術があるにもかかわらず、一定の期間が経過すると壊れる商品にしている。故意にゴミになるように「企《たくら》んで」自己の利益を計っているのである。これはエコを尊重しなくてはならないという人間社会の至上命令に照らしてみれば、明らかに「悪事」と断じていいだろう。

そのような断じ方は、政界や経済界からは出てこない。経済が盛んになって回っていかないと豊かな社会にはならないという「迷信」にとらわれているからである。経済的な豊かさを極端に追い求めていくと、人間の真の幸せへの障害となる副作用が現れてくる。その点に対する追究が欠けている。

### ◆ブームとしてのエコを越えて

経済至上主義すなわちエコノミーを最優先とする考え方は、エコロジーの敵である。そこには、企業やそれを取り巻く利害関係組織のエゴがうごめき、渦となってさらなる増大を図ろうとしている。消費者としては、その流れに巻き込まれて自分を見失ってはならない。

日々生きていっている中で、仕事の場であれ生活の場であれ、はたまた遊びの場であれ、できるだけ地球環境の保全を意識してみる。それを真剣に考えれば考えるほど、自分のエゴを抑える結果になっていく。エゴの要素が少なくなればなるほど、自分の周囲から余計なものや訳のわからないものがなくなっていく。すると、物理的のみならず精神的にも身軽になっている。スリムですっきりした自分を発見するであろう。美しくなり魅力的になれば、人々に好感を持たれて、豊かな人間環境の中で暮らす幸せな日々が約束される。

## 譲ることを知らない人

繁華街の道を仲間と一緒の話に夢中になりながら歩いている。比較的に道幅の狭い道路なので、三、四人で横になっていたら、ほかの人たちの通行を完全に遮断する結果になっている。反対側から歩いてくる人ははっきりと確認できるので、よけていて問題にはならない。

しかし、後ろからくる人には気がつかない、というよりも正確には神経を使っていないので、迷惑を掛ける結果になっている。気の弱い人は「すみませんが通してください」といわないで、辛抱強く後ろに従っていっている。向こう側からきた人に道を空けた隙を逃さずに、足早に追い越していくくらいだ。

天下の公道であるから、誰でも自由に通っていくことができる。だが、皆が利用できるということは、それは共用であるということだ。自分のものは自分勝手に使うことができるが、共用のものについては、一緒に仲よく利用するという考え方を常に忘れてはならない。共用の場合には先着順が基本的なルールであるが、それは時と場合によって調整をする必要が生じる。その調整機能の中で最も重要なのは「人に譲る」という観念である。

この機能が適宜に働くとき、世の中は住みやすく快適な環境になる。人間同士であるという実感を味わって心が落ち着くときだ。ほかの人に敬意を表して自分の欲を控えるのが要諦である「謙譲の美徳」は、一般的には東洋的なものと考えられている節がある。

確かに、人のことに気を使うのは、全体主義ないしは団体主義の色彩の濃い伝統的な東洋の考え方に近い。だが、公衆道徳に関しては、西洋人のほうが優れているように思われる。天下の公道において道を譲ってくれるのは、欧米人のほうが多い。

これは、女性を優先するレディーファーストの習慣と大いに関係があるかもしれない。また、個人の自由を尊重する個人主義から派生しているかもしれない。相手となる個人の自由に配慮しなかったら、自分という個人の自由も確保されない。逆に、**東洋的に全体を尊重すれば当然のことながら個人の影が薄くなる。そこに自分勝手な考え方が出てくる隙がある。**

もちろん、西洋人であれ東洋人であれ、「野蛮人」には人に譲るという芸当はできない。野蛮人は利害関係が一致する人とは協力し合うかもしれないが、そうでないときは自分の欲のままに傍若無人に振る舞う。ほかの人は人とも思わないからである。

**教養のある人が人に譲ることができるのは、相手にも自分と同じ欲があることを知っていて、その点を斟酌することができるからだ。**お互いの欲をぶつけ合ったのでは、混乱が起こって、無用の争いが生じるかもしれない。そこで自分の欲をいったん控えて平和的な解決を図る。

自分のことのみに専念して他人を無視してはならない。それが自分の尊厳を維持して他人と対等に立とうとする各人の義務である。公衆道徳を守ろうとしない人の頭の中には、「旅の恥はかき捨て」という考え方があるのではないだろうか。見知らぬ人に対しては、不作法なことをしても自分の名誉は傷つかない、と考えている。

そういう人は、街中で行き交う人の皆が自分の知っている人であると考えてみる。だが、それはあまりにも現実的でないというのであったら、見知らぬ人であると思っていた人が、もしかすると、自分の上司の家族であるかもしれないし恋人の親戚であるかもしれないと思ってみる。すると、礼儀正しく振る舞い、道を譲ってみようとするのではないか。

相手が知っている人であるか知らない人であるかによって、相対する姿勢が異なってくるのは人情である。知っている人に対しては知らない人に対するよりもよくする。だが、行儀をよくするかどうかに関しては、相手に対してどうこうというだけの問題ではない。自分自身の品性や名誉が掛かっている。自分の品格を高めておけば、いつどこに行っても堂々としていることができる。

### ◆譲るから余裕が生まれる

人に接するときは、常に「人に譲る」を励行してみる。人に譲ることができるためには心に十分の余裕がなくてはならない。だが、その逆も真なりである。**人に譲ることを心掛けてみれば、必然的に心に余裕が生まれてくる。**さもないと、人に譲ることはできないからである。

自分の欲のままに行動しようとしたら、人のことを考える余裕はなくなる。だが、自分の欲よりも人の欲を優先させようと努力していたら、それは習慣になる。「習い性」となると後は簡単だ。自分の好き勝手にすることが、人に譲る結果になる。**「欲には目見えず」といわれている。欲を出すと先が見通せなくなる。欲を抑えれば世の中が見えてくる。**

◎4章の勘どころ

□大人の嫌がらせの罪は重い。前科は一生消えない。
□自慢は劣等感の裏返し。
□自分より優れた人を避けているようでは孤独になるばかりである。
□「人をあえて褒めない人」は、勝ち気で利己的、器が小さいことを露呈している。
□他愛のないジョークに正論をかぶせる生真面目さは嫌われる。
□悪は小さいうちに根絶する。
□部下には、仕事を任せて思う存分にやらせる。
合わせて「抜き取り検査」を行う。
□ビジネスと情のバランスをわきまえないと、人を失う結果になる。
□人に譲れば心に余裕ができる。

## おわりに　志の高い人の「利己イコール利他」という生き方とは

誰でも人に嫌われるよりは好かれるほうがいいに決まっている。だが、自分の好き勝手なことばかりいったり、したりしていたのでは、そのような人間環境に身を置く結果にはならない。自分の言動について、他人の目から見るとどのように映るかを考慮したうえにするという配慮と慎重さが必要である。

「情けは人の為ならず」といわれている。これは思いやりの心は、相手のためになるばかりではなく、将来のどこかで巡り巡って自分自身のためになって返ってくる、という意味だ。しかしながら実際には、**人に対する気くばりは、その時点で即座に「自分に対する好感」となって返ってくるのである。**

このように考えれば、常に人のことを考えた言動に徹していて損をすることはありえない。だが、人によっては一々そのように考えて振る舞ったのでは、面倒くさくて実際的ではないと思うかもしれない。しかし、**この世の中で有用であることを面倒くさいといって片づけたのでは、その人の生涯はどこかで行き詰まってくる。すべてにおいて勤勉であることが極めて重要である所以だ。**

最初は煩わしいと思っても、辛抱して続けていけば、そのうちに習慣になってくる。**習慣が積み重なってくれば、それは第二の天性となる。**そうなれば、心の中に原動機が備えつけられたのと同じ情況になり、すべての言動も律せられたものになる。利己的にしていると思っても利他的な結果になっている。**利己イコール利他という理想的なかたちである。**

そのような行動様式が確立されてしまえば、後は簡単だ。心構えとして常に志を高く持つようにして、さらに自分の人格を磨いていけばいい。その際に自分の生き方を簡潔に表現するモットーを決めて、それから逸《そ》れないように努力する。

その一つには「美しく」がいいかもしれない。汚さを憎み排除しようとする強い意志を持ち続ける。そのうえで、**自分のみならず人々の「幸せ」に目標を定めるのである。**時どきそれらのモットーから外れた言動になってはいないかと、客観的にチェックしてみる。原点に返って、自分が正しい軸に従った軌道に乗っていることを確かめるのだ。

また、人に煙たがられないようにとか、人に慕われるようにとか短絡的に考えるあまり、姑息な手段を取ってはいないかという角度からの反省も必要である。**慕われようとしてそこに焦点を合わせた作意があってはならない。**その場合には自分のエゴが強く働いている。したがって、美しさの対極にある汚さの要素が隠されている。さらには、自分に都合のいいことに対する欲が強く、人の幸せに対する配慮も欠けているからである。

**自分の全人格を正々堂々とぶつけて、人に接し人と交わろうとする意気込みが必要なのだ。**そのような働き掛けの結果として慕われるようにならなくてはならない。慕われるのを目的としないで、慕われるのが結果となるようにする努力を尽くすのである。

本書の出版に際しては、青春出版社の村松基宏氏のお世話になった。ここに深甚なる感謝の意を表明する。

二〇一二年九月

山﨑武也

青春新書 PLAYBOOKS

人生を自由自在に活動《プレイ》する

# 人生の活動源として

いま要求される新しい気運は、最も現実的な生々しい時代に吐息する大衆の活力と活動源である。

文明はすべてを合理化し、自主的精神はますます衰退に瀕し、自由は奪われようとしている今日、プレイブックスに課せられた役割と必要は広く新鮮な願いとなろう。

いわゆる知識人にもとめる書物は数多く窺うまでもない。

本刊行は、在来の観念類型を打破し、謂わば現代生活の機能に即する潤滑油として、逞しい生命を吹込もうとするものである。

われわれの現状は、埃りと騒音に紛れ、雑踏に苛まれ、あくせく追われる仕事に、日々の不安は健全な精神生活を妨げる圧迫感となり、まさに現実はストレス症状を呈している。

プレイブックスは、それらすべてのうっ積を吹きとばし、自由闊達な活動力を培養し、勇気と自信を生みだす最も楽しいシリーズたらんことを、われわれは鋭意貫かんとするものである。

—創始者のことば—　小澤和一

著者紹介
山﨑武也〈やまさき　たけや〉
1935年、広島県に生まれる。59年、東京大学法学部卒業。ビジネスコンサルタントとして国際関連業務に携わるかたわら、執筆活動にも本格的に取り組む。同時に、茶道裏千家などの文化面の活動も続ける。
おもな著書に、『弁護士に依頼する前に読む本』(日本経済新聞出版社)、『一流の条件』、『上品な人、下品な人』(以上PHP研究所)、『人生に必要なことはすべて茶席に学んだ』(講談社)、『心を打つちょっとした気の使い方93』(三笠書房)などがある。

50歳《さい》から 慕《した》われる人《ひと》 煙《けむ》たがられる人《ひと》　青春新書 PLAYBOOKS

2012年10月20日　第1刷

著　者　山《やま》 﨑《さき》 武《たけ》 也《や》

発行者　小澤源太郎

責任編集　株式会社プライム涌光
電話　編集部　03(3203)2850

発行所　東京都新宿区若松町12番1号 〒162-0056　株式会社青春出版社
電話　営業部　03(3207)1916　振替番号　00190-7-98602

印刷・中央精版印刷　製本・フォーネット社

ISBN978-4-413-01971-2

# 青春出版社のベストセラー

# 折れない心をつくるたった1つの習慣

心理カウンセラー
**植西 聰**

## 無理にポジティブにならなくていい!

○「折れやすい」自分をまず知ろう
○「つい悩んでしまう」から脱するヒント
○「人と比べない」習慣を身につける　etc.

——心の中の「へこたれない自分」を呼び覚ますヒント

ISBN978-4-413-01919-4　952円

**お願い** ページわりの関係からここでは一部の既刊本しか掲載してありません。折り込みの出版案内もご参考にご覧ください。

※上記は本体価格です。(消費税が別途加算されます)
※書名コード(ISBN)は、書店へのご注文にご利用ください。書店にない場合、電話またはFax(書名・冊数・氏名・住所・電話番号を明記)でもご注文いただけます(代金引替宅急便)。商品到着時に定価+手数料をお支払いください。
〔直販係　電話03-3203-5121　Fax03-3207-0982〕
※青春出版社のホームページでも、オンラインで書籍をお買い求めいただけます。ぜひご利用ください。〔http://www.seishun.co.jp/〕